AURIANE HAMON

365 Ideen die Welt zu retten

Umwelt-Fakten, saisonale Rezepte, Hausmittel und Zitate
für mehr Nachhaltigkeit jeden Tag

EMF

EIN BUCH DER
EDITION MICHAEL FISCHER

Jeden Augenblick staunen überall auf unserem Planeten Menschen über die Schätze der Natur, den Flug eines Vogels, das Rauschen eines Bachs oder über eine Wolkenformation.

Jeden Augenblick setzen sich Bürger dieser Welt dafür ein, die Schönheit der Erde zu bewahren, indem sie Mut, Fantasie, Beharrlichkeit oder einfach ein gutes Gespür beweisen.

Ich lade Sie ein, sich jeden Tag etwas Zeit zu nehmen, um sich wieder an unseren Planeten zu erinnern, um die Natur zu entdecken, die irgendwo, in der Ferne oder ganz in der Nähe, aufblüht. Gönnen Sie sich Tag für Tag einen Moment, um kurz, etwas länger oder auch intensiv und voller Leidenschaft über die Umwelt sowie über sich selbst nachzudenken.

Denn Ökologie bedeutet Wahrnehmung seiner selbst und seines Körpers. Und dem Planeten etwas Gutes zu tun heißt auch, sich selbst etwas Gutes zu tun.

Ich wünsche Ihnen ein gutes Jahr.

1. JANUAR

ZEIT ZUM AUSMALEN

UND WENN SICH JEDER FÜR EINE GLÜCKLICHERE WELT EINSETZEN WÜRDE?

2. JANUAR

GRÜNER TIPP

DIE 5 R

Mithilfe der **5 R** *kann man zu einer Lebensweise ohne Ressourcenverschwendung gelangen.*

REFUSE

Auf überflüssige Verpackungen und Wegwerfprodukte verzichten.

REDUCE

Übermäßigen Konsum stoppen und vernünftig bleiben (oder werden).

REUSE

Die Lebensdauer von Dingen verlängern, reparieren, gebraucht kaufen.

RECYCLE

Richtig recyceln lernen, auch wenn das nicht unbedingt sehr umweltfreundlich, weil energieintensiv, ist.

ROT

Organische Abfälle der Erde zuführen senkt den Müll um 30 %.

3. JANUAR

ZUM NACH-
DENKEN

Liebe zur Natur ist die einzige Liebe, die menschliche Hoffnungen nicht enttäuscht.

Honoré de Balzac

4. JANUAR

GRÜNER TIPP

Ein Hoch auf saisonale Produkte!

Im Winter auf Tomaten und Paprikaschoten verzichten?

Das gut funktionierende Importwesen sorgt dafür, dass man zu jeder Zeit alles essen kann. Dabei führt die Anpassung der Essgewohnheiten an die Jahreszeiten automatisch dazu, dass bunte Vielfalt auf dem Teller herrscht.

20–50 % unseres ökologischen Fußabdrucks hinterlassen wir durch die Lebensmittelproduktion. Wenn man saisonale Produkte vorzugsweise aus lokaler Produktion verzehrt, verringert sich der für die Herstellung nötige Energie- und Wasserverbrauch (in Deutschland entstehen ca. **10 %** der Treibhausgase in der Landwirtschaft), ebenso der Energieverbrauch für ihren Transport.

Um dem Ganzen noch die Krone aufzusetzen: Saisonale Lebensmittel sind meist frischer, preisgünstiger und besser. Also zögern Sie nicht!

5. JANUAR

GRÜNER TIPP

GEMÜSEBEET IM JANUAR

Auf dem Balkon, im Garten, im Gewächshaus – haben Sie nicht Lust, ein Gemüsebeet anzulegen und saisonales Obst und Gemüse anzupflanzen? Im Januar gibt es bereits etwas zu tun.

Zunächst sollten Sie damit beginnen, einen **Plan für das Gemüsebeet zu entwerfen** und diesen aufzuzeichnen. Achten Sie dabei auf eine gute, sonnige und windgeschützte Lage. Schaffen Sie im Garten ausreichend Platz zwischen den Reihen, damit die Pflege leichter ist und die Luft gut zirkulieren kann.

Wenn Sie schon einen Gemüsegarten haben, **schneiden Sie die Erdbeeren zurück. Bereiten Sie den Boden auf,** indem Sie ihn auflockern und Kompost ausbringen. **Legen Sie auch Nistplätze für Vögel an.** Sie werden es Ihnen mit ihrem wundervollen Gesang danken.

6. JANUAR

DO IT YOURSELF

Selbst gebackener Dreikönigskuchen *(franz.: Galette des Rois)*

In die französische Spezialität aus Blätterteig wird eine Bohne mit eingebacken. Wer diese beim Essen findet, ist für einen Tag König oder Königin.

ZUTATEN:

- ☐ **125 g Zucker**
- ☐ **60 g weiche Butter**
- ☐ **150 g gemahlene Mandeln**
- ☐ **1 Vanilleschote**
- ☐ **2 Eier**
- ☐ **2 EL Rum**
- ☐ **2 Rollen runder Blätterteig oder 400 g selbst gemachter**
- ☐ **1 Bohne**
- ☐ **1 Ei zum Bestreichen**
- ☐ **1 Prise Salz**

Den Backofen auf 180 °C vorheizen. Zucker und Butter verrühren und die Mandeln hinzufügen. Die Vanilleschote halbieren, das Mark auskratzen und zum Teig geben. Die Eier und den Rum unterrühren. Die Mandelmasse auf eine Blätterteigscheibe geben, dabei einen Rand von 2 cm frei lassen und diese leicht befeuchten. Eine Bohne in die Masse drücken. Die zweite Teigscheibe darauflegen und die Ränder zusammendrücken. Ei mit einer Prise Salz verquirlen und den Kuchen damit bestreichen. Dann 30 Minuten im Kühlschrank ruhen lassen. Anschließend mit einer Messerspitze Muster auf den Kuchen zeichnen, nochmals mit Ei bestreichen und 40 Minuten backen (oder länger, falls der Teig selbst gemacht ist).

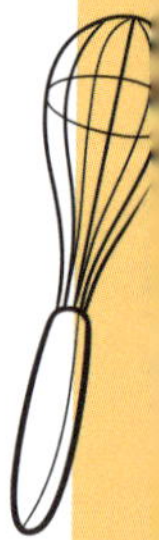

„R“

wie „refuse“: Ja, aber wie?

JA, MAN KANN EINEN MOJITO OHNE PAPIERSERVIETTE ALS UNTERSETZER UND OHNE STROHHALM UND RÜHRSTÄBCHEN AUS PLASTIK BESTELLEN.

Es reicht, einfach „Nein“ zu sagen. Das ist aber nicht immer ganz leicht, richtig?

SEIEN SIE GEDULDIG UND DIPLOMATISCH. LEHNEN SIE UNNÖTIGE VERPACKUNGEN BEIM EINKAUFEN AB, BRINGEN SIE IHRE EIGENEN DOSEN ZUM METZGER ODER AN DIE KÄSETHEKE MIT (UND ERLEICHTERN SIE DEM VERKÄUFER DIE SACHE, INDEM SIE IHM GLEICH DAS GEWICHT DER LEEREN DOSE NENNEN).

VERZICHTEN SIE AUF PAPIER FÜR IHR BROT. NUR MUT, JEDER VERZICHT BEDEUTET EINE ERLEICHTERUNG FÜR DIE UMWELT!

8. JANUAR

ZUM NACH-
DENKEN

Ich sehne mich nach einer dieser alten kurvigen, unbewohnten Straßen, die aus den Städten herausführen … nach einer Straße, die zu den Grenzen der Erde führt, wo die Gedanken frei sind.

HENRY DAVID THOREAU

Mit einem Aufkleber WÄLDER RETTEN!

Zwei kurze Wörter. Es reichen die zwei magischen Wörter **„Keine Werbung"** in großen Buchstaben auf Ihrem Briefkasten, um über **30 kg** Papier pro Jahr zu sparen.

Mit einem einfachen Aufkleber ist schon viel erreicht. Mit dem Zusatz „keine Handzettel, keine Wurfsendungen, keine kostenlosen Zeitungen und Wochenblätter" entgehen sie auch noch den Werbesendungen mit redaktionellem Anteil.

10. JANUAR

GRÜNER TIPP

„R“ wie „recycle“: Recyceln Sie richtig

Mülltrennung ist die Basis für Recycling. Nur so bleibt unser Müll dem Produktionskreislauf erhalten, wodurch weniger Rohstoffe für Neues verbraucht werden müssen.

Trennen Sie Ihren Müll nach den Richtlinien Ihrer Gemeinde. **Batterien** und auch **Korken** gehören in die Behälter, die in Drogerien oder Supermärkten für die Entsorgung zur Verfügung stehen. Und vielleicht möchten Sie für Ihren Biomüll einen **Komposthaufen** anlegen? Wer keinen Garten besitzt, kann auf eine stylishe Wurmkiste zurückgreifen (wurmkiste.at).

Wenn man auf dem Weg zu dem Ziel, keinen Müll mehr zu produzieren und so nichts mehr recyceln zu müssen, die Mülltrennung richtig durchführt, ist das schon ein wichtiger Schritt.

11. JANUAR

PLATZ FÜR NOTIZEN

NOTIZEN

Less is MORE

Übernehmen Sie diese Aussage in den Alltag und konzentrieren Sie sich auf das Wesentliche. Ein Beispiel? **Als Haushaltsreinigungsmittel reicht ein einziges Produkt für alle Oberflächen.**

Eine gute Sache für die Erde und für Ihre Gesundheit?

Stellen Sie den Reiniger und Ihre Kosmetik selbst her, dann vermeiden Sie giftige Stoffe und Verpackungen. Decken Sie sich stets mit Rezepten zum Selbermachen ein, so erleichtern Sie sich den Alltag und **entlasten Ihren Haushalt, Ihre Mülltonnen und Ihren ökologischen Fußabdruck.**

13. JANUAR

ZUM NACH-
DENKEN

Jeder Tag ist
ein guter Tag.

•

KŌAN ZEN

Im Buddhismus ist Kōan eine Frage oder ein Rätsel, das der Meister seinem Schüler aufgibt und das ihn zwingt, die gewohnte Logik aufzugeben, um das Entstehen einer anderen Wahrnehmung zu begünstigen.

14. JANUAR

GRÜNER TIPP

„R“ wie „rot“: Was ist Kompost?

Kompostieren bedeutet, **organische Abfälle** (Obst- und Gemüseschalen, Kaffeesatz, Essensreste, grüne Abfälle etc.) der Fermentation auszusetzen, um ihre organischen Mineral- und Fettstoffe zu gewinnen und als natürlichen Dünger auf den Feldern und in Gemüsegärten zu nutzen. Jeder kann in seinem Garten, seiner Küche, auf seinem Balkon oder in Gemeinschaftsgärten einen Kompost anlegen und **so seinen Müll um etwa 30 % reduzieren.**

15. JANUAR

DO IT YOURSELF

Memo-Tafel

MATERIAL

- ☐ *Holzbrett, am besten ein gebrauchtes*
- ☐ *Magnet- und Kalkfarbe (am besten biologische – es gibt Farbe aus Naturstoffen!)*
- ☐ *Kreide*
- ☐ *Schnur*
- ☐ *Magnete*

SO GEHT'S

1. Das Brett mit Magnetfarbe bestreichen und trocknen lassen.
2. Eine Schicht Kalkfarbe auftragen.
3. In Weiß Rubriken auf die Tafel zeichnen („To-do-Liste", „Einkäufe", „Planungen" …).
4. Eine Schnur an einem Nagel in der Wand befestigen und an das andere Ende ein Stück Kreide knoten.
5. Optional zusätzlich eine Kordel mit Wäscheklammern aufhängen und daran Fotos und Souvenirs befestigen.
6. Die Tafel in der Küche, im Gang oder Eingangsbereich an der Wand anbringen und darauf Einkäufe, Aufgaben für die Familienmitglieder sowie Speisepläne und Aktivitäten für die Woche notieren.

„R“ wie „reduce“: weniger Verpackungen

Regel Nummer 1, um Verpackungsmüll zu reduzieren: Greifen Sie beim Einkauf zu Großpackungen. Ein einziges Haarshampoo für die ganze Familie, nur ein Duschgel. Besser ist noch, ganz auf Verpackungen zu verzichten und diese Dinge unverpackt oder als festes Stück zu kaufen oder selbst zu machen.

Noch nicht so weit? Dann nehmen Sie Verpackungen, die zu 100 % recycelbar sind (Pappe und Glas), und meiden Sie Umverpackungen und Angebote wie „3 kaufen, 1 geschenkt“. Eine Packung mit 1 kg Nudeln ist besser als vier zu je 250 g.

17. JANUAR

SCHON GEWUSST?

MÜLLPRODUKTION DER DEUTSCHEN

JAHR 2017, IN DEUTSCHLAND

Es wurden **412 MILLIONEN TONNEN** Müll produziert:
12,6 % Haushaltsabfälle und Ähnliches,
13,5 % aus Produktion und Gewerbe,
53,4 % Bau- und Abbruchabfälle.

Innerhalb von **7 JAHREN** ist die Müllproduktion pro Kopf von 458 kg auf **557 KG** gestiegen!

DAS ZIEL?

Eine Verringerung des Müllaufkommens pro Kopf und eine funktionierende Abfallverwertung, die Rohstoffe und Energie wieder in den Wirtschaftskreislauf zurückführt.

Wenn wir fähig sind, etwas zu tun, sind wir auch fähig, es nicht zu tun.

Aristoteles

19. JANUAR

WAS IST DAS?

SOLAWI

Solidarische Landwirtschaft (kurz: Solawi) ist eine Vereinigung zur Erhaltung bäuerlicher oder regionaler Landwirtschaft. Sie bringt lokale Produzenten und Verbraucher zusammen, mit dem Ziel, frische Produkte zu fairen Preisen sowohl für den Konsumenten als auch für den Bauern zu kaufen bzw. zu verkaufen.

Erzeuger und Verbraucher bilden eine Wirtschaftsgemeinschaft. Die Verbraucher bezahlen einen festgesetzten jährlichen Betrag und bekommen im Gegenzug die Ernte bzw. Erzeugnisse.

FINDEN SIE IHRE SOLAWI UNTER
www.solidarische-landwirtschaft.org

Eigenes Gemüse für Kinder in Kinder-tagesstätten

Das Bildungsprogramm **„AckerKita"** des Sozialunternehmens Ackerdemia hat das Ziel, Kindern durch spielerisches und praktisches Erleben die Wertschätzung für Lebensmittel und auch die biologische Vielfalt näherzubringen.

Die Kinder betreuen zusammen mit den ErzieherInnen eine **Ackerfläche** und kümmern sich ums **Gießen, Unkrautjäten, Käfersammeln** und **Ernten.** So wird ein Grundverständnis für Landwirtschaft und dessen Erträge vermittelt.

Für weiterführende Infos schauen Sie gern auf der Homepage vorbei:
www.gemueseackerdemie.de

Möchten Sie gesunde Pflege kaufen?

Lassen Sie keinen Müll in Ihr Badezimmer und tauschen Sie Plastikflaschen und Flakons gegen … gar nichts ein. Dafür muss man nur zu gesunder Pflege übergehen: Seife, Shampoo, Deo, Zahnpasta etc. Verbannen Sie überflüssige Verpackungen, die Ihr Badezimmer unnötig vollstopfen.

Und wenn Sie in den Urlaub fahren, passt alles in Ihr Handgepäck und nimmt keinen Platz im Koffer ein!

22. JANUAR

INFO ZUM ANREGEN

Tarn möchte das erste Departement in Frankreich ohne Umwelthormone werden

Anfang 2019 hat das Departement Tarn die Charta „Villes & Territoires sans perturbateurs endocriniens" („Städte und Regionen ohne Umwelthormone") des Umweltministeriums unterzeichnet.

Ziel:

Verzicht auf alle Produkte, die Umwelthormone (Disruptoren) enthalten, Umstellung auf Bioprodukte in den Kantinen des Departements, kein Kochgeschirr mehr verwenden, das Umwelthormone enthält.

Ambitioniert, mutig und vorbildhaft!

Die Natur täuscht uns nie, wir sind immer diejenigen, die sich täuschen.

•

JEAN-JACQUES ROUSSEAU

Kurze Wege: gute Kreisläufe!

Achten Sie auf kurze Wege, um den ökologischen Fußabdruck Ihrer Ernährung und Ihres Konsums zu verringern.

Die Gleichung bedeutet 100% Gewinn:

weniger Transport = weniger Umweltverschmutzung = frischere Produkte
weniger Zwischenhändler = höherer Lohn für die Produzenten

Moral

Lernen Sie Ihren Metzger, Ihren Milchhändler und die kleinen, lokalen Produzenten kennen und bringen Sie die Spezialitäten aus Ihrer Region auf den Teller.

Selbst gemachtes Spülmittel

SIE BRAUCHEN:

- ☐ *800 ml kochendes Wasser*
- ☐ *50 g echte Kernseife (gerieben)*
- ☐ *1 EL Schmierseife ohne Glycerin, Farb- oder Dufststoffe*
- ☐ *1 EL Speisenatron*
- ☐ *1 EL Essigessenz*
- ☐ *1 EL Waschsoda*
- ☐ *2 Tropfen ätherisches Öl zum Parfümieren (nicht für Kinder unter 6 Jahren, Schwangere und Allergiker)*

Wasser und Kernseife in eine Schüssel geben und warten, bis sich die Seife aufgelöst hat. Schmierseife, Speisenatron, Essigessenz, Waschsoda und ätherisches Öl hinzufügen (dabei Handschuhe tragen und Mund und Nase bedecken). Die Mischung mehrere Stunden an der frischen Luft ruhen lassen, bis sie fest wird. Wasser hinzufügen, damit sie flüssiger wird. Falls nötig, mit einem Pürierstab mixen.

Durch einen Trichter in eine leere Flasche gießen.

26. JANUAR

GRÜNER TIPP

„R“ wie „recycle“: Achten Sie auf das Recyclingsymbol

Um zu erfahren, ob ein Objekt recycelbar ist, achten Sie auf das entsprechende **Logo.** Es bedeutet, **dass man es nicht in den Hausmüll werfen soll, sondern zu Hause sortieren** oder **zu einer Wertstoff-Sammelstelle bringen soll:**

- Geben Sie es gemäß den in Ihrer Gemeinde geltenden Bestimmungen in die **Recyclingtonne,** wenn es sich um Karton, Papier, Kunststoff oder Glas handelt.
- Wenden Sie sich an die **Abfallsammelstelle,** wenn es sich um Sondermüll (Kartuschen, kleine Elektrogeräte, Batterien usw.) handelt.

Das ist eine ganz einfache Handlung zugunsten der Umwelt, die man schon beim Einkaufen beachten kann!

KOSTENLOSER ÖFFENTLICHER NAHVERKEHR?

Um eine möglichst schonende Mobilität in den Städten zu ermöglichen, haben sich manche Kommunen entschlossen, den kommunalen öffentlichen Nahverkehr kostenlos anzubieten.

Das sind in Frankreich die Städte **Aubenas, Niort, Châteauroux** und sogar **Dunkerque** (Dünkirchen), die größte französische Stadt, die 2018 dazu übergangen ist. Das Ergebnis: mehr Fahrgäste, geringere Sachbeschädigung, weniger Stau.

Auch die Hauptstadt von **Estland,** Tallin mit seinen 400.000 Einwohnern, ist dazu übergegangen.

In Deutschland wird das Konzept kostenloser ÖPNV in der Kommune Monheim seit April 2020 getestet.

1000 Dinge
bewegen sich vorwärts;
999 zurück:
Das nennt man
Fortschritt.

•

HENRI-FRÉDÉRIC AMIEL

Zeit zum Aufräumen und Aussortieren

Durch Schränkeausmisten den ökologischen Fußabdruck zu reduzieren ist eine gute Idee, wenn man den meisten Dingen ein zweites Leben schenkt.

Geben Sie gut erhaltene Kleidungsstücke an Organisationen, Einrichtungen, Secondhand-Läden oder **zum Recycling.**

Verkaufen Sie, was sie können, im Internet oder auf Flohmärkten. Ist die Kleidung zu stark abgenutzt, können Sie sie vielleicht noch zum Putzen verwenden.

NACHHALT„ICH“

DIE APP, DIE UMWELT-FREUNDLICHES VERHALTEN FÖRDERT

NachhaltICH ist eine App des **Bundesministeriums für wirtschaftliche Zusammenarbeit und Entwicklung,** mit der man durch Challenges sein Umweltverhalten verbessern kann. Sie ist spielerisch, einfach strukturiert und bietet einen guten Einstieg zu einem nachhaltigeren Lebensstil: **möglichst wenig Müll zu produzieren, gut zu essen, sein Energie-verhalten zu optimieren** …

FANGEN SIE GLEICH DAMIT AN.

Ein Verein, der beim Erreichen von Zero Waste hilft

Wenn Sie das Ziel Zero Waste fasziniert, Sie dafür aber Unterstützung brauchen, hilft der von **Hélène de Vestele** gegründete **Verein Edeni** das ganze Jahr über dabei.

Bootcamps, Workshops und Kurse – in Paris oder online – leiten die Teilnehmer, Einzelpersonen oder Unternehmen, nach und nach dazu an, ihr Verhalten zu ändern und einen neuen, umweltfreundlichen Lebensstil anzunehmen.

1. FEBRUAR

ZEIT ZUM AUSMALEN

Selbst gemachte Crêpes, ganz einfach und so köstlich

FÜR 15 CRÊPES

- ☐ 250 g Mehl (50 g davon können auch durch Maisstärke ersetzt werden)
- ☐ 2 EL Puderzucker
- ☐ 1 Päckchen Vanillezucker
- ☐ 1 Prise Salz
- ☐ 4 Eier
- ☐ 50 g geschmolzene Butter
- ☐ 450 ml lauwarme Milch
- ☐ ½ Glas helles Bier (ca. 120 ml)

Mehl, beide Zuckersorten und Salz in einer großen Schüssel mischen. Eier, geschmolzene Butter und Milch nach und nach hinzufügen und mit einem Schneebesen unterrühren. Das Bier dazugeben und den Teig vor dem Backen 30 Min. ruhen lassen. Etwas Butter direkt auf dem Crêpeeisen erhitzen, das für die erste Crêpe schön heiß sein muss.

3. FEBRUAR

ZUM NACH-
DENKEN

Es gibt nichts so Beständiges wie den Wandel.

•

SIDDHARTA GAUTAMA,
GENANNT BUDDHA

NOTIZEN

GEMÜSEBEET IM FEBRUAR

Das ist im Gemüsegarten jetzt zu tun:

Vorziehen: Auberginen, Paprika, Chili und Peperoni

Im Gewächshaus aussäen: Kohlrabi, Rettich und Salat

Im Freiland aussäen: Feldsalat, Winterportulak, Petersilie, Pastinake und Radieschen

Spezialtipp: Jetzt schon das Pflanzen von Kartoffeln im März oder April vorbereiten. Dafür die Knollen auf Tabletts in heller, kühler Umgebung lose nebeneinanderlegen, damit sie keimen können.

6. FEBRUAR

GRÜNER TIPP

„R“ *wie „recycle“: nachfüllbare Verpackungen kaufen*

Waschmittel, Spülmittel, Flüssigseife …

Alle diese Produkte gibt es auch in nachfüllbaren Flaschen zu kaufen. Diese können wiederbefüllt werden, sodass man **70 %** der Verpackung einspart. Wenn man weiß, dass von dem ganzen Kunststoff nur **20 % recycelt werden,** macht das schon einiges aus. Zumindest, bis Sie zu loser Ware oder zum Selbermachen übergehen.

Der ständige Fortschritt, ein Rad mit zwei Zahnrädern, bringt etwas zum Laufen, indem es jemanden zermalmt.

•

VICTOR HUGO

8. FEBRUAR

SCHON GEWUSST?

DIE RETTUNG DES PLANETEN HAT EINEN PREIS: 100 MILLIARDEN DOLLAR IM JAHR

Nach dem **„Global Deal for Nature"**, im April 2019 in der Fachzeitschrift *Science Advances* veröffentlicht, die einen kostendeckenden Plan zur Erhaltung des Planeten und der Artenvielfalt vorlegt, müssten 100 Milliarden Dollar pro Jahr investiert werden, um das sechste Massensterben zu verhindern, das aufgrund unserer Lebensweise vorhergesagt wird.

9. FEBRUAR

GRÜNER TIPP

Einen Zero-Waste-Einkauf planen

SIE BRAUCHEN:

- ☐ *einen großen Korb oder eine wiederverwendbare Einkaufstasche*
- ☐ *Stoffbeutel, selbst gemacht (siehe Anleitung vom 2. April) oder gekauft*
- ☐ *Umhängetasche aus Stoff*
- ☐ *verschließbare Dosen, am besten aus Glas*
- ☐ *Gläser, Flaschen aus Glas oder Edelstahl (Nehmen Sie die, die sie bereits im Haus haben und kramen Sie Omas alte Einmachgläser hervor!)*

Legen Sie alles bereit und stellen Sie es schon neben die Haustür, damit Sie es nicht vergessen!

10. FEBRUAR

INFO ZUM ANREGEN

Die große Grüne Mauer in China!

1978 hat China ein großes Projekt zur Aufforstung gestartet, um die weitere Austrocknung der Wüste Gobi zu bekämpfen.

Im Rahmen des Projekts der Grünen Mauer soll bis 2074 ein **4500 km langer Waldstreifen** an der Grenze zur Wüste gepflanzt werden.

Damit soll die Luftverschmutzung, die durch das Wachstum chinesischer Großstädte hervorgerufen wird, kompensiert werden. Ein ähnliches Projekt wird in Afrika untersucht, um die Ausbreitung der Sahara einzudämmen.

Selbst gemachte Zahnpasta, zu 100% natürlich

Schluss mit der Zahnpastatube aus Plastik und zusätzlich in einer Pappschachtel verpackt! Mit diesem Rezept können Sie Zahnpasta ganz einfach selbst machen.

ZUTATEN:

- ☐ *4 EL weiße Tonerde*
- ☐ *1 TL Speisenatron*
- ☐ *5–10 TL Wasser*
- ☐ *6 Tropfen ätherisches Pfefferminzöl (außer für kleine Kinder, Schwangere und stillende Mütter)*

Tonerde und Speisenatron mit einem Holzstäbchen verrühren. Das Wasser nach und nach hinzugeben, bis die gewünschte Konsistenz entstanden ist. Ätherisches Öl unterrühren. **Achtung:** Speisenatron hat eine abschleifende Wirkung, daher mit Biozahnpasta abwechseln.

Nicht weil die Dinge schwierig sind, trauen wir uns nicht. Weil wir uns nicht trauen, sind sie schwierig.

•

SENECA

NANTES SETZT AUF EIN WÄRMENETZ AUS ERNEUERBAREN QUELLEN

Um die ***CO_2-Emissionen pro Einwohner zu reduzieren*,** setzt die Stadt Nantes auf ein Wärmenetz, das sich aus erneuerbaren Quellen (Holz) oder Wiederverwertung (Müllverbrennung) speist.

Etwa ***30.000 Haushalte*** sind aktuell an eines dieser sechs Netze angeschlossen. Dadurch konnte der Kohlenstoffausstoß bereits in der Stadt verringert werden.

14. FEBRUAR

GRÜNER TIPP

Verschenken Sie am Valentinstag saisonale Blumen

Valentinstag = Rose? Sicher nicht!

Nur weil man sie das ganze Jahr über bekommt, heißt das nicht, dass immer Rosensaison ist … und noch weniger, dass sie aus der Region kommen! Rosen sind Frühlings- oder Sommerblumen.

Kaufen Sie im Februar lieber ***Krokusse, Stiefmütterchen, Christrosen, Winterheide, Winterjasmin*** oder ***Rhododendron***.

15. FEBRUAR

GRÜNER TIPP

„R" wie „reuse": Abschminkpads wiederverwenden

Jedes Mal beim Abschminken ein oder sogar zwei Wattepads:
Hilfe, der Mülleimer quillt über!

Die Alternative?

Waschbare Abschminkpads. Eine Packung kostet ungefähr 15 Euro. Außerdem können Sie sie auch selbst machen.

Kleiner Tipp

Weichen Sie Ihre weißen Abschminkpads in Waschsoda ein, dann werden Sie schön sauber!

16. FEBRUAR

INFO ZUM ANREGEN

WENN DIE JUSTIZ ENTSCHEIDET ... ZUGUNSTEN DER NATUR

Der Nationalpark Pirin in Bulgarien gehört zum Weltkulturerbe der UNESCO. Er beherbergt **1300 Pflanzenarten, 45 verschiedene Säugetiere** und **150 Vogelarten ...**

Dieses Paradies der Artenvielfalt wurde durch die geplante Erweiterung des Skigebiets von Bansko bedroht. Dank einer vom WWF unterstützten Kampagne entschied sich die bulgarische Justiz für die Erhaltung des Parks!

Wir brauchen nicht eine Handvoll Menschen, die Zero Waste perfekt betreiben. Wir brauchen eine Million Menschen, die es nicht perfekt, aber so gut sie können betreiben.

·

ANNE-MARIE BONNEAU
@ZEROWASTECHEF

18. FEBRUAR

GRÜNER TIPP

Leitfaden zum einfachen Kompostieren

Kompostieren kann jeder!

Haben Sie einen Balkon?

Legen Sie einen Wurmkomposter an.

Einen Garten?

Ein Komposter oder einfacher Komposthaufen ist ideal

Weder Balkon noch Garten?

Nutzen Sie öffentliche Kompostieranlagen.

Informieren Sie sich bei Ihrer Kommune.

Was kommt dorthin?

Bioabfälle, also etwa ein Drittel Ihres Abfalls. Das sind **stickstoffhaltige Abfälle** (Essensreste, außer Fleisch, Fisch und Milchprodukte; Schalen, Kaffeesatz, Rasenschnitt) und **kohlenstoffhaltige Abfälle** (Papier, Karton, Stroh und Zweige). **Wenn Sie einen Wurmkomposter haben, geben Sie keinen Knoblauch und keine Zwiebeln hinein.** Gießen Sie ihn, wenden Sie ihn regelmäßig und geben Sie Zeitungspapier als „Streu" hinzu.

SCHON GEWUSST?

OBERSTES ZIEL: ABFALL REDUZIEREN

Laut einer Umfrage der Bertelsmann Stiftung von 2019 stehen für 83 % der Befragten in Bezug auf den Umweltschutz Abfallvermeidung und bessere Abfallbewirtschaftung durch Bürger und Gemeinden an erster Stelle.

Los geht's!

Errechnen Sie Ihre CO_2-Bilanz

Möchten Sie die Folgen Ihrer Reisen und Ihres Konsums für den Planeten errechnen?

Ermitteln Sie mit nur wenigen Klicks Ihren ökologischen Fußabdruck auf footprintcalculator.org. Achtung, das Ergebnis kann überraschend sein!

FRIDAYS FOR FUTURE: WELTWEITE KLIMA-DEMONSTRATIONEN

1,4 Millionen Teilnehmer zählt die Fridays-for-Future-Bewegung (Stand 2019). Gemeinsam fordern sie die internationale Sicherstellung des **1,5-Grad-Ziels** (den menschengemachten globalen Temperaturanstieg durch den Treibhauseffekt auf 1,5 Grad Celsius zu begrenzen).

Die Bewegung wurde von der Schwedin **Greta Thunberg** angestoßen und Schüler und Studenten tragen sie nun weiter. Sie fordern mehr Einsatz und Ehrgeiz vonseiten der Politik, die drohende Klimakatastophe zu vermeiden.

22. FEBRUAR

ZUM NACH-
DENKEN

Nicht der Wahnsinn ist in der Lage, die Welt zu erschüttern, sondern das Gewissen.

•

SPINOZA

Der versteckte Schlaf von elektrischen Geräten …

Der Computer, der nicht ausgeschaltet wird, wenn Sie das Büro verlassen, der ständig eingeschaltete Drucker, der Fernseher im Stand-by-Modus …

Alle diese Geräte machen fast 10 % Ihrer Stromrechnung aus, wenn sie im Stand-by-Modus sind. Das gilt auch für die, von denen man es gar nicht glaubt: das Ladekabel, das ohne Handy eingesteckt ist, die Kaffeemaschine … Um den Schaden zu begrenzen, verwenden Sie Steckdosenleisten mit einem Schalter oder auch mit einer Zeitschaltuhr.

24. FEBRUAR

GEMEINSAM STARK

LASSEN SIE SICH INSPIRIEREN VON ...

Kim Gerlach, die beschloss, 365 Tage lang auf den Kauf von Fast Fashion zu verzichten. So wurde sie ein wichtiger Teil einer aktiven Communitiy und zeigt unzählige Möglichkeiten auf, Nachhaltigkeit in der Mode zu praktizieren. Sie hat alles sehr ausführlich auf ihrer Website festgehalten, um Sie zum Handeln zu ermuntern.

Lesen Sie unbedingt nach unter:

kimgoeseko.com

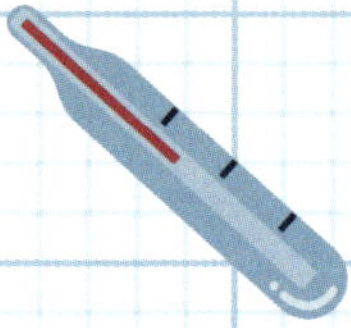

SENKEN SIE DIE TEMPERATUR!

1 °C. Es reicht, die Heizung um ein einziges Grad herunterzuschalten (und dafür einen Pullover oder Hausschuhe anzuziehen), um den Energieverbrauch um 7 % zu senken.

Bei über 20 °C verbraucht jedes weitere Grad **7 % mehr Energie.** Wenn man bedenkt, dass das Heizen **60 % des Energieverbrauchs** ausmacht (im Jahr 2018 zahlte in Deutschland jeder Haushalt durchschnittliche **906 Euro**), reicht das aus, um einen leicht erschauern zu lassen.

26. FEBRUAR

INFO ZUM ANREGEN

Zukunft: eine schwimmende Stadt als neue Heimat für Klimaflüchtlinge?

Die futuristische Stadt mit dem Namen **Oceanix** ist derzeit noch nicht mehr als ein fiktives Projekt, das vom UN-Habitat-Programm für menschliche Siedlungen, dem dänischen Unternehmen BIG, der Organisation Oceanix und dem Center for Ocean Engeneering vorgestellt wurde.

Diese Stadt wäre in der Lage, **10.000 Klimaflüchtlinge** aufzunehmen (Bewohner von Gebieten, die vom Wasser verschlungen sind, was bereits 2050 geschehen könnte). Sie würde in miteinander verbundenen Inseln angelegt. Eine attraktive Idee – aber eine, auf die wir am liebsten nie zurückgreifen wollen würden.

Ich akzeptiere, was ich nicht ändern kann, um mich auf das zu konzentrieren, was ich ändern kann.

WIE GUT DIE NATUR IST …

Die Natur denkt an unsere Bedürfnisse und stellt uns das Notwendige zur Verfügung. So sind Wintergemüse und -obst grundsätzlich besonders vitaminreich, um unser Immunsystem zu stärken, während Sommergemüse und -obst den Körper unterstützen, Feuchtigkeit zu speichern.

Ein Grund mehr, saisonales Gemüse und Obst zu essen!

1. MÄRZ

ZEIT ZUM AUSMALEN

2. MÄRZ

DO IT YOURSELF

Zero-Waste-Haushaltsmittel

SIE BRAUCHEN:

- ☐ hellen Essig (als Reiniger, Kalkentferner, zum Desinfizieren)
- ☐ Speisenatron (als Reiniger, Fettlöser, zum Desinfizieren)
- ☐ Waschsoda (als Fettlöser, zum Desinfizieren)
- ☐ Zitronensäure (als Kalklöser, Fleckentferner, Rostentferner)
- ☐ Schmierseife (zum Waschen und als Fettlöser)
- ☐ Kernseife (möglichst ohne Palmöl)
- ☐ Gummihandschuhe für den Umgang mit Waschsoda, Zitronensäure und Schmierseife
- ☐ ätherische Öle nach Wahl (vor allem für den Duft)
- ☐ gebrauchte Flaschen und Behälter
- ☐ Utensilien aus rostfreiem Stahl oder aus Holz

Die Zivilisiertheit
eines Volkes erkennt man
an der Art, wie es seine
Tiere behandelt.

•

Gandhi

**Der 3. März ist der Welttag
des Artenschutzes.**

4. MÄRZ

GRÜNER TIPP

„R“ wie „reuse“: Nein zu Wegwerfware

Wattestäbchen, Plastiktrinkhalme, Einmalgeschirr ...
Von jetzt an nicht mehr!

Ersetzen Sie diese Einmalprodukte mit wiederverwendbaren Alternativen: **Ohrreiniger aus Metall** oder **Bambus, Metall-Trinkhalme, Stoffservietten, Trinkflaschen aus Metall.**

Anfangs ist das eine Investition, aber es ist ein wichtiges Zeichen für den Planeten und das eigene Portemonnaie.

5. MÄRZ

GRÜNER TIPP

GEMÜSEBEET IM MÄRZ

Das ist im Gemüsegarten jetzt zu tun:

Im Gewächshaus aussäen: Blumenkohl, Karotten, Petersilie, Radieschen, Rüben, Sommerlauch

Im beheizten Gewächshaus aussäen: Auberginen, Paprika, Peperoni, Tomaten

Im Freiland aussäen: Kerbel, Kopfkohl, Pastinaken, Petersilie, Rauke, Schnittlauch

Pflanzen: Spargel, Zwiebeln

Nein zur Plastiktüte!

Das Bundesumweltministerium hat 2019 das Verbot von Plastiktüten auf den Weg gebracht. Doch was sind die umweltfreundlicheren Alternativen?

Papiertüte: Am besten aus Altpapier, da die Herstellung Holz und Chemikalien verbraucht.

Stoffbeutel aus Baumwolle: Baumwollanbau belastet die Umwelt, wenn der Baumwollbeutel jedoch mehrere Dutzend Mal benutzt wird, wird er immer umweltfreundlicher.

Mehrwegtüte aus recyceltem Kunststoff: Sie ist kräftiger und kann sehr lang genutzt werden.

7. MÄRZ

GRÜNER TIPP

Ein Garten ohne Pestizide!

Verzichten Sie auf Pestizide, ohne den Garten aufgeben zu müssen, und denken Sie an natürliches Gegengift.

Einige Pflanzen helfen und schützen sich gegenseitig (wie beim Prinzip der Permakultur). Kombinieren Sie für einen extravaganten, **pestizidfreien Garten** solche Pflanzen miteinander.

Säen Sie etwa Wildblumen unter Obstbäume, Kapuzinerkresse oder Duftpflanzen unter Rosen, um Blattläuse anzulocken und von Obstbäumen und Rosen fernzuhalten.

Eine kranke Pflanze?

Besprühen Sie sie zur Behandlung gegen Blattläuse mit etwas mit Wasser versetztem Rapsöl.

Das Wissen ist für die Menschheit ein großartiges Mittel, sich selbst zu vernichten.

•

Nietzsche

1001 Verwendungs-möglichkeiten für Speisenatron

Dieses weiße, biologisch abbaubare, **ungiftige** und zu **100 % natürliche** Pulver ist ein wahres Wundermittel.

Speisenatron kann wie folgt verwendet werden:

- ☐ zur Pflege der Wäsche
- ☐ zum Entfernen von Flecken
- ☐ zum Neutralisieren von unangenehmen Gerüchen
- ☐ zur Pflege von Silber und Porzellan
- ☐ zum Reinigen von angebrannten Topfböden
- ☐ zum Desinfizieren von Toiletten
- ☐ zum Aufhellen von Zähnen
- ☐ zur Verdauungsförderung
- ☐ zum Reinigen und Kochen von Obst und Gemüse (damit sie ihre Farb- und Bitterstoffe, Säure sowie ihre Aromen behalten)
- ☐ als Weichmacher für Fleisch
- ☐ als Ersatz für Backpulver (man rechnet etwa 1 TL Speisenatron für maximal 500 g Mehl)
- ☐ zur Unkrautbekämpfung

NOTIZEN

Sich mit (ganz) kleinen guten Taten für die Umwelt einsetzen

Die französische Organisation **Solidarité climatique** schlägt vor, sich durch symbolische Klicks auf ihrem Internetportal zu engagieren. Mit den vorgeschlagenen **täglichen kleinen guten Taten,** die den Einfluss auf den Klimawandel verringern (z. B Licht ausschalten, mit dem Rauchen aufhören), können sich die Mitglieder beteiligen und solidarisch zeigen.

Mit der Unterstützung ihrer Mitglieder setzt sich Solidarité climatique für die schwächsten Bevölkerungsgruppen ein, die vom Klimawandel besonders betroffen sind.

solidariteclimatique.org

Bienenwachstuch

wiederverwendbares Tuch zum Abdecken und Einwickeln von Lebensmitteln

Material

- ☐ quadratisches Stoffstück
- ☐ Bio-Bienenwachspastillen (aus dem Bioladen oder Internet)
- ☐ Küchentuch
- ☐ Backpapier
- ☐ Bügeleisen

Die Arbeitsfläche mit einem Küchentuch abdecken, einen Bogen Backpapier darauf ausbreiten und den Stoff darauflegen. Gleichmäßig mit Bienenwachspastillen bestreuen und einen weiteren Bogen Backpapier darüberlegen. Bei mittlerer Temperatur bügeln. An Stellen, die nicht mit Wachs überzogen sind, noch ein paar Pastillen nachlegen. Das Papier abnehmen und den Stoff aushärten lassen. Anschließend können Sie Lebensmittel in das Tuch einwickeln und so frisch halten (außer Fleisch und rohen Fisch).

Zum Reinigen mit kaltem Wasser abwaschen und anschließend wiederverwenden!

13. MÄRZ

ZUM NACH-
DENKEN

*Macht der Baum,
der im Wald umfällt,
auch dann ein Geräusch,
wenn ihn niemand hört?*

•

KŌAN ZEN

Im Buddhismus ist Kōan eine Frage oder ein Rätsel, das der Meister seinem Schüler aufgibt und das ihn zwingt, die gewohnte Logik aufzugeben, um das Entstehen einer anderen Wahrnehmung zu begünstigen.

FÜR DIE KINDER DER WELT!

Kinder sind sehr sensibel gegenüber ihrer Umgebung, insbesondere gegenüber der Natur. Bringen Sie ihnen so früh wie möglich eine kritische Einstellung und achtsames Verhalten zum Erhalt der Umwelt bei.

Beziehen Sie sie in Ihr umweltbewusstes Handeln und Zero-Waste-Verhalten ein. Sie werden sehen, die Kinder können Ihnen sicherlich auch eine Menge beibringen.

15. MÄRZ

GRÜNER TIPP

Keine Tomaten im März

Man sollte sich noch etwas gedulden mit dem Essen von Tomatensalat.

Denn eine in der Tomatensaison lokal angebaute Tomate verbraucht zehnmal weniger Energie als eine aus dem Gewächshaus und viermal weniger als eine Tomate aus Marokko.

Und ein Lauchauflauf oder Blumenkohlgratin schmeckt ja auch nicht schlecht, oder?

Was machen Sie mit dem Kompost?

Es ist schön und gut, wenn Sie Ihre biologischen Abfälle kompostieren, aber was machen Sie mit diesem Naturdünger?

Kompost ist nützlich für besonders anspruchsvolle Pflanzen, wie etwa Rosen. Geben Sie ihn für Gartenpflanzen unter die Bodenerde und mischen Sie für Zimmerpflanzen **30 % reifen Kompost** mit **70 % Bioerde.** Der Kompost stärkt Ihre Gemüsepflanzen, Blumen und auch den Rasen!

Und wenn Sie nicht wissen, was Sie damit machen sollen, wenden Sie sich an Ihre Kommune.

17. MÄRZ

GEMEINSAM STARK

NACHHALTIGERE MOBILITÄT IM ALLTAG?

Laut aktueller Studien werden rund die **Hälfte aller Wege** mit dem Auto zurückgelegt.

Ein Problem, wenn man bedenkt, dass man seinen CO_2-Fußabdruck durch die Nutzung öffentlicher Verkehrsmittel oder nachhaltigere Mobilitätsmodelle deutlich reduzieren kann.

Der vorrangige Wunsch der Bevölkerung?

Ein besseres Angebot öffentlicher Verkehrsmittel.

18. MÄRZ

GRÜNER TIPP

Überblick über die welt-weite Mülltrennung:

Keine Fehler mehr machen!

TRIMAN

Das Produkt muss zu Hause getrennt oder an einer Sammelstelle entsorgt werden (Papier- oder Glascontainer), darf aber nicht in den Hausmüll gelangen.

DURCHGESTRICHENE MÜLLTONNE

Das Produkt darf nicht in den normalen Müll gelangen, sondern wird gesondert gesammelt (in Geschäften oder Sammelstellen).

ALLGEMEINES RECYCLING-ZEICHEN

Dieses Produkt wird recycelt.

ALLGEMEINES RECYCLINGZEICHEN MIT PROZENTANGABE

Die Ziffer bezeichnet den Prozentsatz der recycelten Inhaltsstoffe des Produkts. Das Produkt selbst wird nicht unbedingt recycelt!

SAUBERMANN

Das Symbol fordert Sie auf, die Produktreste in einen Mülleimer zu werfen, zeigt aber nicht an, ob es recyclingfähig ist.

GRÜNER PUNKT

Das Symbol zeigt an, dass die Verpackung zum Recyceln in die Gelbe Tonne geworfen werden soll.

19. MÄRZ

ZUM NACH-
DENKEN

*Niemand weiß,
was er tun kann,
bevor er es nicht
versucht hat.*

•

PUBLIUS SYRUS

Saisonales Obst im Frühling

Im Frühling kommen diese sonnenverwöhnten Früchte neu in die Obstregale:

Regionaler Anbau:

Apfel sind in Deutschland auch im Frühling aus regionalem Anbau zu bekommen, es handelt sich um Lagerware. **Erdbeeren,** gibt es dann ab Mai.

In Maßen essen:

Es gibt die ersten **Avocados** und **Kiwis** und dann in der ganzen Saison **Bananen, Mangos, Papayas, Passionsfrüchte** und **Zitronen** – aber denken Sie daren, dass diese Früchte lange Wege zurücklegen.

Saisonales Gemüse im Frühling

In der ganzen Saison:

Genießen Sie kleine **weiße Zwiebeln, Knoblauch, Kohlrabi, Mangold, Rhabarber, Radieschen, Rucola, Rotkohl, Spinat, weißen Spargel** und **Weißkohl.**

Im Mai:

Jetzt gibt es **Blumenkohl, grünen Spargel, Kartoffeln, Kopfsalat, Rote Bete, Spitzkohl** und **Wirsing.**

Im Juni:

Jetzt sieht man **Bohnen, Brokkoli, Eisbergsalat, Erbsen, Fenchel, Gurken, Karotten, Zucchini, Zuckerschoten** und auch schon **Paprika.**

22. MÄRZ

GRÜNER TIPP

WELTTAG DES WASSERS: STOPPEN WIR DIE VERSCHWENDUNG?

- ☐ Wasser abstellen, während man sich in der Dusche einseift
- ☐ Wasser beim Geschirrspülen nicht laufen lassen
- ☐ unter der Dusche Pipi machen
- ☐ Pflanzen mit demselben Wasser gießen, in dem Gemüse gewaschen wurde
- ☐ während des Zähneputzens das Wasser nicht laufen lassen

Das bringt nicht viel, meinen Sie?
Das mag zwar alles trivial erscheinen, aber doch, es bringt einiges!

Selbst gemachter Mehrzweckreiniger

ZUTATEN FÜR 500 ML SPRAY

- ☐ 350 ml Wasser
- ☐ 150 ml heller Essig
- ☐ 30 Tropfen ätherisches Lavendel- oder Teebaumöl

Alle Zutaten in eine gebrauchte, gut gereinigte Sprühflasche füllen. Damit können Sie Fenster, Herdplatten, Arbeitsflächen und sogar Böden reinigen … ***Einfach, preisgünstig und umweltfreundlich!***

Der Mensch ist genau
so wenig der König der
Natur, wie er von allen
Tieren das einzige ist,
das nichts tun kann,
ohne zu bezahlen.

•

ALPHONSE ALLAIS

Gemüse ziehen

Um Gemüsebeete anzulegen, muss man nicht unbedingt Samen kaufen. Bei einigen Gewächsen kann man **aus Steinen, Kernen oder Wurzeln neue Pflanzen ziehen.**

Das gilt z. B. für **Lauch,** wenn man ein Stück vom weißen Schaft abschneidet und direkt in die Erde setzt. Eine **Knoblauchzehe** und **Ingwerknolle** muss man nur einpflanzen. **Basilikum** oder **Minze** können neue Wurzeln bilden, wenn man einen Stiel abschneidet und ins Wasser stellt.

BALD LEBEN WIR IN EINER WELT OHNE BIER, POMMES FRITES UND SCHOKOLADE?

Manche Wissenschaftler behaupten, dass die Klimaerwärmung dazu führen könnte, dass es keine Schokolade, kein Bier und keine Pommes frites mehr geben wird.

In der Tat begünstigt trockene Hitze nicht gerade den Anbau von Kakao, der viel Wasser braucht, ebenso wenig von Hopfen und Kartoffeln, die in zu heißen und sauren Böden wie in den tropischen Regionen, wo sie vielfach angebaut werden, nicht gut wachsen. Das ist eine Folge der Trockenheit.

Drei gute Gründe zu handeln!

„R“ wie „reuse“: Regenwasser

Wasser ist ein besonders kostbares Gut.
In manchen Gegenden regnet es viel (wenn auch immer weniger häufig).

Warum installieren Sie nicht ein Auffangsystem für Regenwasser auf Ihrem Balkon oder in Ihrem Garten?

Damit können Sie das Planschbecken füllen, die Pflanzen gießen und mit Ihren Kindern eine kleine Wasserschlacht machen, ohne den Planeten zu belasten.

28. MÄRZ

WAS IST DAS?

Earth Hour

Alles begann 2007 in Sidney:
Für eine Stunde wurden in der australischen Stadt alle Lichter ausgeschaltet.

Seitdem wirft diese vom **WWF** organisierte und inzwischen weitverbreitete Mobilisierung der Bürger ein Schlaglicht darauf, welche Bedeutung dem Schutz unseres Planeten zukommt.

28. März um 20.30 Uhr

Jeder auf der ganzen Welt ist eingeladen, um diese Uhrzeit für eine Stunde (oder auch länger) die Lichter auszuschalten, damit sich der Ressourcenverbrauch nicht erhöht.

Man hat nicht
zwei Herzen, eines für
Menschen und eines
für Tiere. Entweder hat
man ein Herz oder man
hat keines.

·

LAMARTINE

Selbst gemachte WC-Reinigungstabs

ZUTATEN

- ☐ *280 g Speisenatron*
- ☐ *95 g Zitronensäure*
- ☐ *90 Tropfen ätherisches Teebaumöl*
- ☐ *1 EL Wasser*

Natron und Zitronensäure in einer Schüssel mischen, dabei Handschuhe tragen und vorsichtig arbeiten. Ätherisches Öl und Wasser in eine gebrauchte Sprühflasche gießen, die Natron-Zitronensäure-Mischung damit besprühen und mit einem Schneebesen oder einer Gabel umrühren. Die Masse erinnert an feuchten Sand. Diese in Eiswürfelformen drücken und 6 Stunden im Kühlschrank ruhen lassen, dann aus den Formen lösen. Einmal in der Woche einen Tab in die WC-Schüssel geben, einwirken lassen und nachspülen.

31. MÄRZ

SCHON GEWUSST?

Ökologischer Fußabdruck des Verkehrs

Verkehrsmittel erzeugen **36 % aller Treibhausemissionen,** am meisten davon Autos: Sie sind für nahezu **73 % der CO_2-Emissionen** verantwortlich. Was halten Sie davon, Fahrgemeinschaften zu bilden, auf das Fahrrad umzusteigen, zu Fuß zu gehen oder öffentliche Verkehrsmittel zu benutzen?

1. APRIL

ZEIT ZUM AUSMALEN

Einkaufsbeutel

Sie brauchen:

- ☐ *Stoff*
- ☐ *Nähmaschine*
- ☐ *Baumwollschnur*

Den Stoff rechts auf rechts falten, in gewünschter Form und Größe zuschneiden, dabei eine Nahtzugabe von 1 cm hinzufügen, und wieder auffalten. An den Kanten, die später die oberen Ränder bilden, einen Tunnelzug nähen. Dafür die Kante zweimal auf die linke Stoffseite umschlagen und festnähen. Den Stoff wieder rechts auf rechts legen und die Seiten und die Unterkante zusammennähen, dabei unterhalb des Tunnels mit dem Nähen beginnen. Mit einer Sicherheitsnadel eine Schnur durch den Tunnel ziehen und den Beutel wenden. **Fertig!**

Wozu braucht man ein Haus, wenn man keinen geeigneten Planeten hat, auf dem man es errichten kann?

•

HENRY DAVID THOREAU

4. APRIL
SCHON GEWUSST?

Plastik ist nicht gut

Plastik ist nicht sehr förderlich für Ihre Gesundheit und schädigt zudem die Umwelt und Artenvielfalt. Darüber hinaus ist **Kunststoff wohl niemals zu 100 % recycelbar.** Und falls doch, dann höchstens ein einziges Mal.

Insgesamt werden **weniger als 9 % des Kunststoffs weltweit recycelt.** Außerdem muss man bei diesem extrem aufwendigen und energiezehrenden Prozess neues Material hinzufügen. Ein teuflischer Kreislauf.

Was ist besser?

Auf Plastik verzichten.

5. APRIL

GRÜNER TIPP

GEMÜSEBEET IM APRIL

Das ist im Gemüsegarten jetzt zu tun:

Im Gewächshaus aussäen: Basilikum, Gurken, Kürbis, Melonen, Sellerie

Im beheizten Gewächshaus aussäen: Zucchini

Im Freiland aussäen: Fenchel, Karotten, Kerbel, Kohlrabi, Pastinaken, Radieschen, Rüben, Schwarzwurzeln, Spinat

Pflanzen: Artischocken, Estragon, Kartoffeln, Staudensellerie und Topinambur

Erdbeeren mit Stroh abdecken.

nebenan.de – ein Portal, das ein Gemeinschaftsgefühl in die Stadtviertel bringt

Was wäre, wenn das Wissen und die Kenntnisse der Bewohner Ihres Viertels mehr geschätzt würden? Das verspricht das Onlineportal **nebenan.de,** das das nachbarschaftliche Miteinander stärken möchte.

Denn am besten **berät, hilft und tauscht man sich mit der Nachbarschaft aus.** Das Portal setzt sich dafür ein, in den Vierteln Dynamik, Nähe und solidarischen Austausch herzustellen.

7. APRIL

INFO ZUM ANREGEN

IN GHANA

Straßen aus Kunststoff!

Nelson Boateng ist ein ghanaischer Ingenieur, der sich gut mit Kunststoff auskennt. Er arbeitet seit 13 Jahren in einer Kunststofffabrik.

In seinem Land, in dem dieses Material kaum (und sehr schlecht) recycelt wird, entwickelte er neue Asphaltplatten, die zu **80 % aus Kunststoffabfällen** und zu **20 % aus Sand** bestehen.

Diese neuen Straßen sind sehr preisgünstig und mit einer **Lebensdauer von 500 Jahren** sehr widerstandsfähig!

Alles, was vollkommen ist, kommt aus der Natur.

•

PINDAR

Eine Komposttonne anschaffen?

Mit der von **Joris Danthon** (Atelier Fertile) entworfenen Komposttonne kann man Pflanzen züchten und zugleich seine organischen Abfälle kompostieren. Einfach Kieselsteine und Erde in ein Gefäß füllen und eine mit kleinen Löchern versehene Plastikflasche hineinstellen.

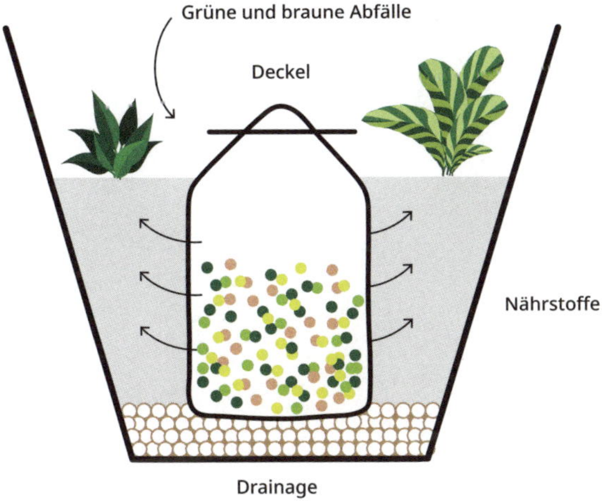

Biologische Landwirtschaft

Mit **biologischer Landwirtschaft** bezeichnet man eine Produktionsweise, bei der Methoden im Pflanzenanbau und in der Tierzucht angewendet werden, die das natürliche Gleichgewicht respektieren. Sie schließt die Verwendung von synthetisch hergestellten Chemikalien und Gentechnik aus und beschränkt den Einsatz von wachstumsfördernden Zusätzen (Produkte, die nicht natürlicherweise im Boden vorhanden sind).

Um Bioprodukte zu identifizieren, suchen Sie nach dem **europäischen Biosiegel.**

NOTIZEN

12. APRIL

DO IT YOURSELF

Selbst gemachte Schoko-Ostereier

ZUTATEN

- ☐ *Kuvertüre, je nach Geschmack dunkel, hell oder weiß*
- ☐ *Pinsel*
- ☐ *Eierformen, am besten aus Edelstahl*

Die Schokolade im Wasserbad schmelzen und mit dem Pinsel den Boden der Formen damit bestreichen. Die Formen 30 Minuten in das Gefrierfach stellen und anschließend die Schokolade herauslösen. Nach Belieben mit kleinen Schokoladenstreuseln oder Süßigkeiten (lose gekauft!) füllen. Zwei Hälften mit etwas geschmolzener Schokolade zusammenfügen.

Wenn du eine Bibliothek und einen Garten hast, wird es dir an nichts fehlen.

•

CICERO

14. APRIL

GRÜNER TIPP

5 Blühpflanzen, die Bienen anlocken

Machen Sie zum Schutz der Nektar sammelnden Insekten, die durch die Entfernung von Hecken und die Reduzierung bepflanzter Flächen bedroht sind, aus Ihrem Garten ein Paradies der Artenvielfalt und pflanzen Sie dafür folgende Blumen an:

Mohnblumen
Lavendel
Echtes Mädesüß
Borretsch
Salbei

SELBST GEMACHTE CHIPS AUS GEMÜSESCHALEN!

Verwenden Sie zum Kochen Biogemüse?

Dieses zuerst sorgfältig mit einer Bürste reinigen und die Schalen aufbewahren. Den Backofen auf 200 °C vorheizen.

Die Schalen rundum mit Olivenöl bestreichen. Auf Backpapier oder einer Backmatte ausbreiten und mit Salz, Pfeffer, Piment d'Espelette o. Ä. würzen. 10–15 Minuten backen, dann 2 Minuten ruhen lassen und knabbern!

Der größte Offshore-Windpark der Welt liegt in Großbritannien

Im Südosten Englands, vor der Küste von Kent, liegt auf 100 Quadratkilometer verteilt **London Array** mit **175 Windrädern.** Dieser Windpark versorgt jedes Jahr **500.000 britische Haushalte** mit erneuerbarer Energie. Derzeit ist das der größte Offshore-Windpark der Welt.

Essbare Stadt

öffentliche Gemeinschaftsgärten

Inredible Edible kommt aus England und ist eine bürgerschaftliche Bewegung.

Die Idee dahinter?

Man kann die Menschheit auf eine Art ernähren, die für den Planeten und für die Menschen gesund ist, aus lokalem Anbau und in enger Verbindung miteinander. Konkret baut ***Essbare Stadt*** einen Obstbaum an einer Straßenecke an, von dem sich jeder bedienen kann, oder richtet einen urbanen Biogarten ein. Statt über den Regen und schönes Wetter unterhält man sich über leckeres Obst aus der Region.

Schließen Sie sich einer solchen Initiative in Ihrer Nähe an!

www.essbare-stadt.com

18. APRIL

ZUM NACH-
DENKEN

Wahre Weisheit, wahre Überlegenheit erlangt man nicht, indem man kämpft, sondern indem man die Dinge sich selbst überlässt. Pflanzen, die gegen den Wind ankämpfen, gehen kaputt, während zarte Pflanzen Stürme überleben.

•

EPIKUR

UMWELTSCHUTZ IST MÖGLICH!

Eine Umfrage des Bundesumweltministeriums zeigt, dass das Problembewusstsein für Fragen des Umwelt- und Klimaschutzes in der deutschen Bevölkerung weiter zunimmt.

38 % der Befragten geben an, derzeit **Ökostrom** zu beziehen, und **51 %** achten beim Kauf von Haushaltsgeräten auf die **Energieeffizienz.**

In Nanterre

Bienenstöcke auf den Dächern

Die **Universität Nanterre** gehört zu den Vorreitern. Dort sind 15 Bienenstöcke auf den Dächern installiert. Sie sind für die Studenten und Bewohner der Stadt zugänglich. Die Hälfte dient der Ernte, die andere der Forschung, pädagogischen Zwecken und der Öffentlichkeitsarbeit.

21. APRIL

GRÜNER TIPP

Eine Playlist nur zum Duschen

Umweltbewusstes Duschen sollte nicht länger als **fünf Minuten** dauern.

Erstellen Sie sich für eine schnelle Dusche mit Musik eine Playlist mit Stücken, die nicht länger als fünf Minuten dauern. Lassen Sie einen Song laufen und flitzen Sie unter die Dusche.

Und kommen Sie beim letzten Ton wieder heraus.

Internationaler Tag der Erde

22. APRIL
SCHON GEWUSST?

Der Internationale Tag der Erde wurde erstmals am **22. April 1970** begangen und ist das wichtigste populäre Umwelt-Event weltweit. Es wird von **500 Millionen Menschen** in **184 Ländern** gefeiert. Dieses über 50 Jahre alte Fest dient einem gemeinsamen Ziel: **dem Überleben der Erde.**

*Wer etwas erreichen will,
findet einen Weg.
Wer nichts erreichen will,
findet eine Entschuldigung.*

Arabisches Sprichwort

Bestandene Herausforderung für die Kreislaufwirtschaft

Die Kreislaufwirtschaft ist ein Wirtschaftsmodell, das darauf abzielt, Güter und Dienstleistungen auf nachhaltige Weise zu produzieren und den Verbrauch und die Verschwendung von Ressourcen sowie die Erzeugung von Abfall zu begrenzen.

Ziel:

Der Bruch mit dem linearen Modell (abbauen, herstellen, verbrauchen, wegwerfen) zugunsten eines Kreislaufmodells. Diese neue Art zu denken ist auf dem Vormarsch. Auf lokaler Ebene schafft die Kreislaufwirtschaft Arbeitsplätze in neuen Bereichen; bisher stehen bereits **3 % der Arbeitsplätze damit in Zusammenhang.**

Selbst genähte Stoffservietten

SIE BRAUCHEN:

- ☐ *Stoffquadrate*
- ☐ *Nähmaschine*

Jeweils zwei Stoffquadrate rechts auf rechts aufeinanderlegen und rundum zusammenstecken. Eine Öffnung markieren (durch diese werden die Servietten später auf rechts gewendet). Die Serviette rundum mit 1 cm Nahtzugabe zusammennähen. Die Ecken schräg abschneiden und den Stoff durch die Öffnung wenden. Knappkantig absteppen und so die Öffnung schließen.

26. APRIL

GRÜNER TIPP

Jede Fahrt ein kleiner Urlaub …

Die meisten täglichen Fahrten sind weniger als **5 km** lang, und dies sind die umweltschädlichsten, wenn man mit dem Auto unterwegs ist (wegen der kurzen Zeit, für die sich der Motor erhitzt). **Fahren Sie daher wann immer möglich mit dem Fahrrad,** so reduzieren Sie Ihren ökologischen Fußabdruck und tun sich selbst auch noch etwas Gutes.

27. APRIL

SCHON GEWUSST?

IMMER WENIGER HÜLSENFRÜCHTE

Innerhalb von 100 Jahren hat sich der jährliche Verzehr von Hülsenfrüchten von **7,2 kg** auf **1,7 kg** pro Person reduziert …

Hülsenfrüchte sind jedoch proteinreich und können in vielen Gerichten Fleisch ersetzen. Zudem sind sie sehr, sehr lecker!

Damit das Gesetz des Fortschritts Wirklichkeit wird, müsste jeder Mensch es schaffen wollen; das heißt, wenn sich jeder Einzelne für den Fortschritt einsetzt, dann wird sich die Menschheit im Fortschritt befinden.

•

CHARLES BAUDELAIRE

Landwirtschaftliches Saatgut für alle

Ironie des Schicksals … Bisher durften nur Saatgutunternehmen wie der Riese Monsanto Saatgut verkaufen, das in einem offiziellen Katalog registriert war, der durch exorbitante Spezifikationen und Zugangspreise gesperrt war. Aber – welch Erfolg – ab dem Jahr 2021 dürfen europäische Landwirte und Bioproduzenten das Saatgut der Bauern verkaufen.

Gute Nachricht für die Artenvielfalt und für unsere Küche: Sie können seltene oder vergessene und sicherlich bessere Gemüsesorten selbst züchten!

Alter Trick: Frischen Sie Ihr Brot auf

Sieht Ihr Brot von vorgestern grau aus?

Halten Sie Ihr Brot oder Brötchen kurz unter einen Wasserstrahl und legen Sie es für **10 Minuten** bei **180 °C** in den Backofen.

Und siehe da, ein heißes, knuspriges Brötchen wie aus der Backstube.

1. MAI

ZEIT ZUM AUSMALEN

2. MAI

SCHON GEWUSST?

SEHR WENIG KUNSTSTOFF WIRD RECYCELT …

Wenn man Kunststoff in Kategorien von 1 bis 7 unterteilt, **können nur drei Arten konsequent recycelt werden,** und zwar **PET (1), PE (2)** und **PP (5).**

Und da diese Prozesse lang, teuer und energieintensiv sind, werden nur **25 % der recyclingfähigen Kunststoffe recycelt.**

AUF JEDEN FALL VERMEIDEN:

Kunststoffe der Kategorie 7 (erkennt man an der Zahl 7 im Recyclingsymbol), die **BPA** enthalten können.

3. MAI

ZUM NACHDENKEN

Natur ist alles, was man sieht, alles, was man will, alles, was man liebt. Alles, was man weiß, alles, was man glaubt, alles, was man in sich selbst fühlt. Sie ist für denjenigen schön, der sie sieht, sie ist für denjenigen gut, der sie liebt, sie ist gerecht, wenn man daran glaubt und sich selbst achtet. Sieh hoch zum Himmel, er sieht dich, umarme die Erde, sie liebt dich. Die Wahrheit ist, was wir glauben, in der Natur bist du es selbst.

•

CONTES D'UNE GRAND-MÈRE (DT.: ERZÄHLUNGEN EINER GROSSMUTTER), GEORGE SAND

4. MAI

GRÜNER TIPP

„R“ *wie „reduce“: Wasser beim Zähneputzen abstellen*

Nichts ist einfacher als das:
Füllen Sie zum Ausspülen ein Glas mit Wasser.

Ergebnis:

Es läuft weniger Wasser unnötigerweise während der vier bis sechs Minuten, in denen Sie täglich die Zähne putzen. Und um noch mehr für die Umwelt zu tun, geben Sie weniger Zahnpasta auf die Zahnbürste – so viel, wie auf den Nagel des kleinen Fingers passt, reicht aus!

5. MAI

GRÜNER TIPP

GEMÜSEBEET IM MAI

Das ist im Gemüsegarten jetzt zu tun:

Im Freiland aussäen: Bohnen, Brokkoli, Chicorée, Fenchel, Gurken, Karotten, Kürbis, Mais, Pastinaken, Petersilie, Rüben

Im Freiland pflanzen: Auberginen, Blattsalat, Endiviensalat, Kartoffeln, Kohl, Paprika, Peperoni, Sellerie, Tomaten, Zucchini (für eine Ernte bis in den Oktober)

6. MAI

INFO ZUM ANREGEN

In Indien macht ein Unternehmen aus Blumenabfällen Weihrauch

Als Ankit Agarwal und Karan Rastogi beobachteten, wie Lastwagen in das Wasser des heiligen, aber extrem verschmutzten Flusses Ganges Blumen kippten, die zuvor als Opfergaben in hinduistischen Tempeln abgegeben worden waren, kamen sie auf die Idee, **Help Us Green** zu gründen.

Das Unternehmen recycelt Blumen, indem es Pestizide entfernt und sie zu Weihrauch verarbeitet. Auf diese Weise landen sie nicht im Ganges.

7. MAI

DO IT YOURSELF

Haarentfernung mit Zucker

ZUTATEN

- ☐ *2 Gläser Puderzucker*
- ☐ *½ Glas Wasser*
- ☐ *Saft einer halben Zitrone*
- ☐ *2 EL Honig*
- ☐ *Stoffstreifen*

Den Zucker in einen Topf geben, bei schwacher Hitze erwärmen und nach und nach das Wasser dazugießen. Die Mischung karamellartig goldbraun und dicklich einkochen. Einen Tropfen davon auf einen Teller geben und testen, ob sie knetbar ist, dann ist sie fertig. Weiterhin bei niedriger Hitze den Zitronensaft hinzufügen und etwa 10 Minuten köcheln lassen. Den Honig unterrühren und den Topf noch 2 Minuten auf dem Herd stehen lassen. Dann abkühlen, aber nicht hart werden lassen, sodass man die Masse kneten kann. Eine kleine Kugel formen und auf der betreffenden Körperstelle verstreichen. Mit einem Stoffstreifen abdecken und entgegen der Wuchsrichtung schnell abreißen.

Wer ein Gebirge verschiebt, beginnt damit, kleine Steine zu verschieben.

•

KONFUZIUS

Probieren Sie es mal mit waschbaren Windeln!

Der Effekt ist alles andere als unbedeutend. **Ein Baby benötigt etwa 4500 Windeln …** Bei 20 Cent pro Stück muss man mit **900 Euro pro kleinem Po** rechnen, im Vergleich zu **200 Euro für 15 waschbare Windeln,** die auch für ein zweites Kind verwendet werden können.

Damit tun Sie nicht nur der Umwelt, sondern auch Ihrem Geldbeutel etwas Gutes!

10. MAI

GEMEINSAM STARK

Urbaner Gartenbau – gemeinsam produzieren

Urban gardening gibt es schon seit vielen Jahren, aber zuletzt ist das Interesse daran wieder gestiegen.

Das Prinzip?

Mitglieder für gärtnerische Aktivitäten zu gewinnen, um gemeinsam gute Produkte zu kultivieren. Dabei entsteht eine Nähe zu Natur und Umwelt und ermöglicht uns, gesunde Produkte anzubauen und zu konsumieren. Es gibt mehrere solcher Initiativen in ganz Deutschland und auch weltweit.

MONTENEGRO, EIN PARADIES DER ARTENVIELFALT

Zwischen der Adria und den Alpen liegt die ***„Perle des Balkans“,*** ein echtes Paradies der Artenvielfalt, mit vielen unterschiedlichen Naturparks.

Der **See Skadar,** das größte Süßwasservorkommen der Balkanhalbinsel, ist ein beliebter Ort für Zugvögel. Die jahrhundertealten Wälder sind die Heimat vieler heimischer Pflanzenarten, auch Bären und Wölfe sind hier zu finden. **Der Balkanluchs ist leider aus Montenegro verschwunden.**

12. MAI

GRÜNER TIPP

Genauer Blick auf Fair-Trade-Logos

Nehmen Sie sich Zeit, einmal Ihre Konsumgewohnheiten zu hinterfragen. Achten Sie auf diese Labels, die eine gerechte Bezahlung der Produzenten und Arbeiter und eine nachhaltige Entwicklung garantieren.

„Nord/Süd"-Label

FAIRTRADE

Allgemeine Labels

WORLD FAIR TRADE ORGANIZATION

fair for life fair trade

13. MAI

DO IT YOURSELF

Etiketten für Vorratsgläser

SIE BRAUCHEN:

- ☐ Drucker
- ☐ Papier
- ☐ transparentes Klebeband
- ☐ Schere

Eine Liste mit den Bezeichnungen ausdrucken: z. B. **„Nudeln", „Reis", „Quinoa"** usw. Dabei zwischen den Wörtern zum Ausschneiden ausreichend Platz lassen. Die Wörter mit Klebeband überkleben und das Papier jeweils um das Wort herum ausschneiden. Das Ganze bei Zimmertemperatur für zehn Sekunden in Wasser legen und dann mit der Fingerspitze über das Papier rollen.

Vorsichtig darüberreiben, bis das weiße Papier verschwindet. So bleibt das Klebeband mit dem aufgedruckten Wort übrig, das wie ein transparentes Etikett aussieht und immer noch klebt!

WENN SICH UNTERNEHMEN FÜR DIE UMWELT ENGAGIEREN

Große, multinationale Unternehmen haben sich Anfang 2018 für den Schutz des brasilianischen Cerrado, einer riesigen Region bewaldeter Savanne, eingesetzt. Dort ist ein Drittel der biologischen Vielfalt beheimatet, **44 % davon sind heimische Pflanzenarten.**

Zwischen 2013 und 2015 hat der Cerrado **18.962 km²** Boden verloren. Wenn der Verlust in dieser Geschwindigkeit fortschreitet, werden dort **im Jahr 2050 480 Pflanzen- und Tierarten verschwunden sein.**

15. MAI

GRÜNER TIPP

Wohltuende Karitébutter

Diese uralte natürliche Pflege ist feuchtigkeitsspendend und entzündungshemmend und hat auch sonst zahlreiche Vorzüge. Karitébutter, am besten pur angewendet, versorgt die Haut, aber ebenso die Haare mit Feuchtigkeit. Sie eignet sich perfekt, um Schwangerschaftsstreifen vorzubeugen, kleine Babypopos zu pflegen und gereizte oder durch Rasieren geschädigte Haut zu beruhigen. Karitébutter schützt auch vor UV-Strahlen und erhält die Jugendlichkeit der Haut.

Ein Must-have!

16. MAI

SCHON GEWUSST?

DIE PLASTIK-WASSERFLASCHE IN ZAHLEN

10 KG MÜLL
pro Jahr und Person

1 VON 5 FLASCHEN
wird (nur) recycelt

AUSGABEN VON 110 EURO
im Gegensatz zu 1,65 Euro für Leitungswasser

1,9 KG ERDÖL zur
Herstellung von 1 KG PET-FLASCHEN,
das darin enthalten ist

Wie wäre es stattdessen mit einer nachfüllbaren Flasche oder Karaffe?

17. MAI

GRÜNER TIPP

Hühner anschaffen

Abgesehen davon, dass sie die Kleinen (und Großen) begeistern, könnten junge Hühner sehr gut Ihre Mülleimer erleichtern.

Denn ein Huhn frisst pro Jahr bis zu **150 kg Bioabfälle: Schalen, Fleisch- und Fischreste, Muscheln, Eierschalen ...**

Und wie schön ist es, jeden Morgen frische Eier im Haus zu haben?

Wenn wir uns in der freien Natur so wohlfühlen, liegt das daran, dass sie keine Meinung von uns hat.

•

NIETZSCHE

19. MAI

GEMEINSAM STARK

Transiscope

Eine interaktive Karte der Alternativen

Diese 2018 erstellte **interaktive Karte** listet zahlreiche regionale Initiativen auf, die sich mit allen Bereichen der Klimawende befassen (soziale und solidarische Wirtschaft, Landwirtschaft, Gesundheit, Bildung etc.).

Mit einem Klick können Sie herausfinden, was in Ihrer Nähe geschieht, oder selbst eine Initiative starten!

www.transiscope.org

NOTIZEN

21. MAI

GRÜNER TIPP

5 nützliche ätherische Öle

☐ **Teebaumöl:** gegen Akne, zur Narbenpflege, antibakteriell (geeignet für die ganze Familie, für Kinder ab drei Monaten und Schwangere ab dem dritten Monat)

☐ **echtes und feines Lavendelöl:** beruhigend, zur Narbenpflege, Duft der Provence

☐ **Ylang-Ylang-Öl:** kräftigt die Haare, bei schuppendem Hautausschlag, aphrodisierend, antidepressiv (darf nicht zur Hautbehandlung bei Schwangeren verwendet werden)

☐ **Pfefferminzöl:** gegen Migräne, Übelkeit, Mundgeruch, Verdauungsbeschwerden, antiseptisch, als Wurmmittel, für guten Geruch (nicht für Kinder unter sieben Jahren)

☐ **Zitronenöl:** antiseptisch, antibakteriell, antiviral, bei schuppendem Hautausschlag, gegen Cellulite, für angenehmen Duft

Gefährdete Arten

Der **22. Mai** ist der Welttag der biologischen Vielfalt.

Jedes Jahr sind mehr als **30.000 Pflanzen- und Tierarten** akut bedroht. Auch in Deutschland wimmelt es nur so von gefährdeten Arten: **Derzeit betrifft es rund 7000 Arten.**

In Europa sind **7,5 % der Meereslebewesen** bedroht und bis zu **40 % der Haie und Rochen.** Einige der weltweit am meisten gefährdeten Arten sind **Wolf, Kabeljau, Jaguar, Albatros, Kaktus (!)** …

Das Land gibt uns unermesslichen Reichtum und friedliche Nahrung. Es bietet uns Mahlzeiten, die nicht mit Blut oder Mord befleckt sind.

•

Pythagoras

24. MAI

DO IT YOURSELF

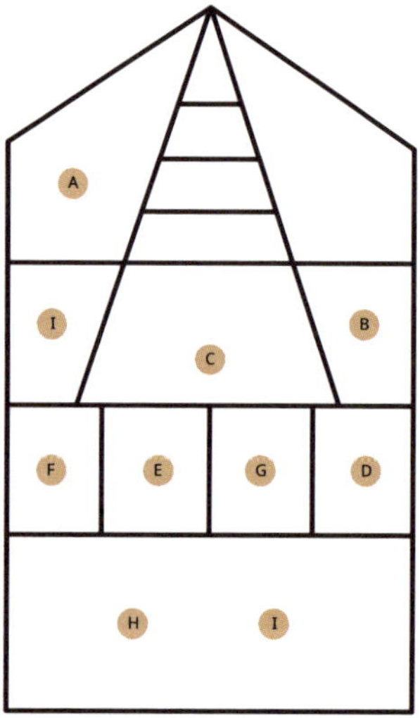

A Wildbienen

B Schmetterlinge

C Käfer

D Pemphredon (Grabwespen)

E Hummeln

F Florfliegen

G Ohrenkneifer

H Holz fressende Insekten

I Laufkäfer

Ein Insektenhotel

Montieren Sie an einer geschützten Stelle Holzscheiben mit Löchern unterschiedlichen Durchmessers für Wildbienen und Wespen, Bündel von Zweigen mit Mark wie Holunder für Schwebfliegen, Stroh für Florfliegen, umgedrehte, mit Stroh gefüllte Tontöpfe für Ohrenkneifer, totes Baumholz, verschiedene Zweige, Ziegelsteine, Bambusstängel ...

Begünstigen Sie die Artenvielfalt im Garten!

25. MAI

GRÜNER TIPP

Nutzen Sie eine ökologische Suchmaschine

Ändern Sie mit zwei Klicks Ihre Gewohnheiten und unterstützen Sie ökologische Projekte, wenn Sie im Internet recherchieren.

Mit der Internetsuchmaschine **Ecosia** können Sie zum Beispiel Bäume pflanzen. Des Weiteren gibt es noch **Lilo, Ecogine** oder **Qwant,** alle drei französische Suchmaschinen. Die beiden ersten finanzieren soziale und Umweltprojekte, die Sie selbst bestimmen können, die letzte respektiert Ihre Privatsphäre.

Man gewöhnt sich sehr schnell daran, die Suchmaschine wird vor der Suche eingerichtet.

Selbst gemachtes Waschmittel

Zutaten

- ☐ *20 g geriebene Kernseife*
- ☐ *20 g flüssige Schmierseife*
- ☐ *1 EL Waschsoda*
- ☐ *1 l Wasser*
- ☐ *ein paar Tropfen duftendes ätherisches Öl, nach Belieben*

Die Seifen und das Waschsoda mit dem Wasser aufkochen. Den Topf vom Herd nehmen und ätherisches Öl hinzufügen. Vor dem Verwenden schütteln. Zum Gebrauch ein kleines Glas voll direkt auf die Wäsche in die Maschine geben.

Tipp

Etwas Essigessenz in das Fach für den Weichspüler geben. Sorgt für einen noch frischeren Duft.

27. MAI

GRÜNER TIPP

Wechseln Sie zu grünem Strom

Wissen Sie, woher Ihr Strom kommt?

Sie können sich ganz einfach für einen Ökostromanbieter entscheiden. Finden Sie heraus, wie Sie Ihren Lieferanten oder Vertrag wechseln können, und stellen Sie sicher, dass die von Ihnen bezogene Energie erneuerbar ist.

28. MAI

SCHON GEWUSST?

KALENDER DER BLÜHPFLANZEN

Frühling

Azalee, Flieder, Inkalilie, Iris, Jasmin, Kamelie, Klematis, Lilie, Lorbeer, Maiglöckchen, Narzisse, Petunie, Pfingstrose, Rose, Rosmarin, Storchenschnabel, Tulpe, Veilchen.

Sommer

Aronstab, Begonie, Dahlie, Fuchsie, Gladiole, Gräser, Hängepetunie, Hortensie, Inkalilie, Lavendel, Nelke, Oleander, Petunie, Rosmarin, Rose, Schmucklilie, Stockrose, Storchenschnabel, Verbene.

Herbst

Die letzten Begonien, Dahlien, Geranien, Petunien und Rosen. Heidekraut, Rosmarin und Stiefmütterchen stehen in voller Blüte.

Winter

Heidekraut, Primel, Rosmarin, Stiefmütterchen. Ab März: Christrose, Forsythie, Hyazinthe, Krokus, Osterglocke, Tulpe und Veilchen.

29. MAI

ZUM NACH-
DENKEN

Je weniger man besitzt, desto weniger möchte man haben.

•

GANDHI

30. MAI

DO IT YOURSELF

Zero Waste in der Küche: Cremesüppchen aus Erbsenschoten

ZUTATEN

- ☐ Erbsenschoten, gewaschen
- ☐ 1 Zwiebel, geschält
- ☐ 2 EL Olivenöl
- ☐ Hühnerbrühe
- ☐ 1 große Kartoffel, geschält und gewürfelt
- ☐ 1 Zweig frische Minze
- ☐ 1 Prise Piment d'Espelette
- ☐ 2 EL Crème fraîche

Erbsenschoten und Zwiebel grob zerkleinern. In einem Topf mit Olivenöl 3 Minuten anbraten. Brühe und Kartoffel dazugeben und alles mit Wasser bedecken. Eine Viertelstunde köcheln lassen, bis die Schoten zerfallen. Die Minze hinzufügen und noch weitere 5 Minuten kochen, dann den Topf vom Herd nehmen. Die Suppe pürieren und durch eine Passiermühle filtern, um die Fasern zu entfernen. Dann einkochen, bis die Suppe cremig ist, Piment d'Espelette und Crème fraîche hinzufügen und servieren.

In Amsterdam

Eine Plattform, auf der man seinen Energieverbrauch verfolgen kann

Die Stadt Amsterdam hat sich dafür entschieden, freien Zugang zu ihren Daten zu gewähren, damit Einwohner und Unternehmen ihren Energieverbrauch direkt abfragen und sich so dessen bewusst werden können. Dabei handelt es sich um die 2018 eingerichtete Plattform **Energy Atlas,** die jedem die Möglichkeit gibt, Maßnahmen zu ergreifen, um seinen Verbrauch zu reduzieren.

1. JUNI

ZEIT ZUM AUSMALEN

2. JUNI

ZUM NACH-
DENKEN

Wenn man die
Natur beobachtet,
entdeckt man dort
Scherze überlegener
Ironie.

•

BALZAC

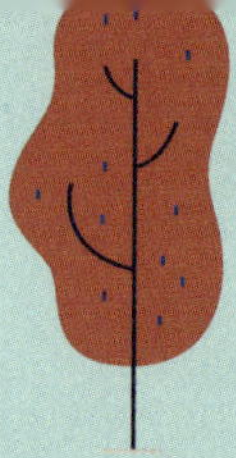

3. JUNI

GRÜNER TIPP

Welttag des Fahrrads

Ein guter Anlass, das Fahrrad herauszuholen.

Wenn Sie noch mehr auf Ihren ökologischen Fußabdruck achten möchten, besorgen Sie sich ein gebrauchtes Fahrrad. Viele Reparaturwerkstätten haben sich auf den Verkauf gebrauchter Räder spezialisiert und das Angebot ist riesig.

Vintage, preisgünstig und umweltfreundlich!

DER KOMPOST IST DER EINZIGE PERFEKTE KREISLAUF

Was aus der Erde kommt, kehrt in die Erde zurück.

Das ist das oberste Prinzip der Kreislaufwirtschaft. Kompostierung ist der einzige perfekte Kreislauf, zudem können Sie damit Ihre Abfälle um ein Drittel reduzieren.

Recycling hingegen hat seine Grenzen: Wiederverwertbarer Kunststoff wird nur einmal recycelt, Papier vier- bis fünfmal. Jedoch muss man bedenken, dass das Material dabei jedes Mal Stoffe freisetzt.

5. JUNI

GRÜNER TIPP

GEMÜSEBEET IM JUNI

Das ist im Gemüsegarten jetzt zu tun:

Aussäen: Blattsalat, Blumenkohl, Bohnen, Karotten, Lauch, Petersilie, Radieschen, Rüben, Zucchini

Pflanzen: Auberginen, Blumenkohl, Friséesalat, Gurken, Kopfkohl, Kürbis, Lauch, Paprika, Sellerie, Tomaten, Zucchini

Erde anhäufeln (um den Fuß einer Pflanze): Bohnen, Erbsen, Kartoffeln

Spezialtipp: Um Blattläuse von Rosen und Obstbäumen fernzuhalten, besprühen Sie diese mit auf 2 bis 3 % mit Wasser verdünnter Schmierseife *(oder setzen Sie Marienkäfer auf die Pflanzen, damit sie die Läuse verschlingen).*

Enttäuschungen töten nicht und Hoffnungen erhalten am Leben.

George Sand

Selbst gemachte Tagescreme

ZUTATEN

- ☐ 8 g Sojalecithin (aus dem Internet oder Bioladen)
- ☐ 30 ml Hydrolat, je nach Bedarf (feines Lavendelwasser für trockene Haut, Teebaumwasser für fettige Haut)
- ☐ 20 ml Pflanzenöl, je nach Bedarf (Arganöl für trockene Haut, Moschusrosenöl für reife Haut, Jojobaöl für fettige Haut)
- ☐ 10 ml Aloe-vera-Gel
- ☐ 10 Tropfen Traubenkernextrakt, je nach Bedarf (als Konservierungsmittel)
- ☐ Glasbehälter mit 60 ml Fassungsvermögen

Das Sojalecithin mit dem Hydrolat mischen und ein paar Stunden warten, bis es sich gut aufgelöst hat. Pflanzenöl, Aloe vera und anschließend das Konservierungsmittel hinzufügen. Mit dem Handmixer zu einer glatten Creme verrühren.

8. JUNI

GRÜNER TIPP

Auf Plastik verzichten – es landet oft im Meer

Der 8. Juni ist der Welttag der Ozeane.

Um die Wunder des Blauen Planeten zu bewahren, sollte man vor allem auf unnötigen Kunststoff und Verpackungen verzichten. Man schätzt, dass heute **eine von drei Verpackungen im Meer landen,** sei es, weil sie schlecht getrennt werden oder weil sie aus den Abfallbehältern verschwinden.

Die beste Lösung bleibt, darauf zu verzichten, damit sich der **siebte Kontinent** nicht noch vergrößert. Dabei handelt es sich um eine Platte aus Mikroplastikabfällen, die sich im Nordpazifik über eine Fläche erstreckt, die der **sechsfachen Größe Frankreichs** entspricht. Leider ist diese Verunreinigung der Meere durch Kunststoffabfälle auch überall sonst zu finden: im Südpazifik, Nordatlantik, Südatlantik und im Indischen Ozean.

DIE ENERGIEWENDE VERÄNDERT DEUTSCHLAND

Laut dem **Umweltbundesamt** entwickeln sich die Zahlen zu erneuerbaren Energien positiv.

Im Jahr 2019 wurden insgesamt 452 Terawattstunden aus erneuerbaren Energien bereitgestellt, das entspricht über 17 % des Brutto-Endenergieverbrauchts in Deutschland.

Von dieser Energiemenge entfielen:
54 % auf Stromproduktion
39 % auf den Wärmesektor
7 % auf den Verkehrsbereich

Tolle Zahlen! Weiter so!

10. JUNI

INFO ZUM ANREGEN

Trockenfutter für Hunde ... aus Insekten!

Die industrielle Herstellung von Hunde- und Katzenfutter macht 20 % der weltweiten Fleischproduktion aus. Das entspricht im Umfang über **5000 olympischen Schwimmbecken,** um **Deutschlands zehn Millionen Hunde** zu füttern.

Einige Start-up-Unternehmen hatten die gute Idee, Mehle zu vermarkten, die aus der Hermetia illucens hergestellt werden, einer Fliegenlarve, die 20 % Eiweiß enthält und deren Zucht 25-mal weniger umweltschädlich ist als die Rinderzucht!

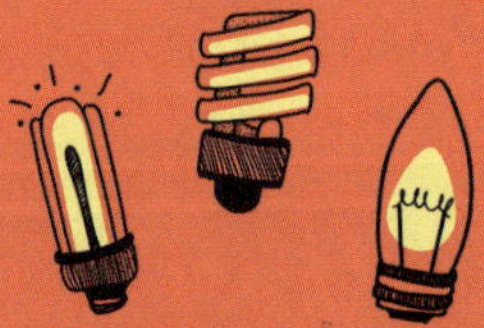

MIT LED-LAMPEN PUNKTEN!

Im Jahr 2017 wurden dank der LED-Glühbirnen weltweit **570 Millionen Tonnen CO_2** eingespart, das entspricht der Produktion von 160 Kohlekraftwerken und einer Verringerung des globalen Kohlenstoff-Fußabdrucks um 1,5 %.

Das ist ein großer Sieg mit kleinem Einsatz. Es bleibt abzuwarten, ob LEDs im Laufe der Zeit wirklich ihr Versprechen einlösen, nämlich zu **100 % recycelbar zu sein.**

12. JUNI

GEMEINSAM STARK

ALLES KLAR: PFAND FÜR GLASFLASCHEN

DAS MEHRWEG-PFANDSYSTEM IST IN DEUTSCHLAND SCHON SEIT 1929 AKTIV.

Es ist **ökonomisch und ökologisch,** denn eine Glasflasche kann bis zu 50-mal wiederverwendet werden, spart natürliche Ressourcen, die bei der Herstellung von Kunststoff anfallen, und im Vergleich zum Recycling von Plastikflaschen **7% an Energie.**

10/10 !

Affen sind viel zu gutmütig, als dass der Mensch von ihnen abstammen könnte.

Nietzsche

14. JUNI

INFO ZUM ANREGEN

DER AMAZONAS MACHT BODEN GUT

Im Südwesten Kolumbiens erstreckt sich über **1,5 Millionen Hektar** der Nationalpark Chiribiquete, der zum Welterbe der UNESCO gehört. Allein **1 km² des Amazonas-Regenwalds** soll mehr als **150.000 verschiedene Pflanzensorten** beherbergen.

Ein Paradies der Artenvielfalt, das mit allen Mitteln erhalten werden muss.

15. JUNI

SCHON GEWUSST?

So stark: Windenergie

Eine **Windkraftanlage** mit einer Leistung von gut sechs Megawatt kann theoretisch etwa **3500 Haushalte ein Jahr mit Strom versorgen**.

So stark ist Windenergie!

16. JUNI

INFO ZUM ANREGEN

Eine norwegische Schule mit Energieüberschuss

Im norwegischen **Drøbak** hat das Unternehmensnetzwerk **Powerhouse** kürzlich ein Schulgebäude gebaut, das über seinen gesamten Lebenszyklus mehr Energie produziert als verbraucht. Diese Schule mit Energieüberschuss bezieht die Kinder in den Umweltschutz ein und geht mit gutem Beispiel voran, indem sie bis zu **30.500 kWh** pro Jahr produziert.

SCHON GEWUSST?

Leitungswasser kann man problemlos trinken

Leitungswasser kann in Deutschland **problemlos getrunken werden**. Dafür sorgt unsere **Trinkwasserverordnung**. Diese stellt sicher, dass bestimmte Schadstoffgrenzen nicht überschritten werden und Pestizide, Nitrate (aus der Landwirtschaft) und Chemikalien (aus Arzneimitteln) wieder aus dem Wasser herausgefiltert werden.

Die Ausnahme: In manchen Altbauten finden sich beispielsweise jedoch noch alte **Bleirohre**, die Giftstoffe absondern können. Um sicherzugehen, können Sie ihr Trinkwasser selbst testen: www.wassertest-online.de.

18. JUNI

ZUM NACH-
DENKEN

Die Natur kümmert sich immer um Ihr Wohlergehen. Sie kennt kein anderes Ziel. Widersetzen Sie sich ihr nicht.

•

HENRY DAVID THOREAU

19. JUNI

GRÜNER TIPP

Früchte des Sommers

Hmm, diesen Sommer hat das Obst eine besonders schöne Farbe, damit können Sie wunderbar Ihre Salate verschönern!

Verwöhnen Sie sich selbst den ganzen Sommer über mit Aprikosen, Brombeeren, Erdbeeren, Heidelbeeren, Himbeeren, Johannisbeeren, Kirschen, Melonen, Nektarinen, Pfirsichen, Preiselbeeren, Schwarzen Johannisbeeren, Wassermelonen und Zitronen. Seien Sie bei exotischen Früchten wie Bananen, Litchis, Mangos, Papayas und Passionsfrüchten etwas zurückhaltender.

Im August reifen Birnen, Datteln, Feigen, Haselnüsse, Mandeln, Mirabellen, Pflaumen und Zwetschgen.

Der September bietet Esskastanien, Quitten, Trauben und Walnüsse.

Gemüse des Sommers

Bringen Sie im Sommer mit den letzten Radieschen und Erbsen, die im Juli heranwachsen, Farbe auf den Teller.

Genießen Sie Artischocken, Auberginen, Blattsalat, Blumenkohl, Bohnen, Brokkoli, Chinakohl, Fenchel, Gurken, Kartoffeln, Knoblauch, Kohlrabi, Kresse, Mais, Mangold, Paprika, Romanasalat, Romanesco, Rote Bete, Rotkohl, Rüben, Spinat, Tomaten, Weißkohl, Wirsing, Zucchini, Zuckerschoten und weiße Zwiebeln.

Ab August gibt es auch Karotten und den ersten Kürbis und ab September Pastinaken und Lauch.

21. JUNI

DO IT YOURSELF

ZERO-WASTE-SOMMERPICKNICK

Organisieren Sie ein Familienpicknick ganz ohne Abfälle!

Bereiten Sie **Salate im Glas,** eine **Vinaigrette im Shaker** oder **Marmeladenglas** zu (damit man sie kurz vor dem Verzehr hinzufügen kann) und nehmen Sie Ihre **Umhängetasche,** einen **Korb, Stoffservietten** und **Besteck** mit. Für den Rücktransport können Sie eine kleine Wanne einpacken. Denken Sie auch an Getränke, Obst zum Dessert und wickeln Sie den Käse in **Bienenwachstücher** ein (am 12. März finden Sie die Anleitung, wie man sie selbst macht). So bleibt nichts zurück!

22. JUNI
GRÜNER TIPP

Mode in Zahlen (mit erstaunlichen Erkenntnissen!)

Jetzt naht der Sommerschlussverkauf. Aber … Mode ist die Industrie, die am zweithäufigsten für Umweltschäden verantwortlich ist *(nach der Ölindustrie)*! Jedes Jahr werden **100 Milliarden Kleidungsstücke** verkauft, deren Produktion den Ausstoß von **1,2 Milliarden Tonnen Treibhausgasen** verursacht.

Zudem basieren 70 % der Materialien auf Erdöl.
Denken Sie bei Ihrem nächsten Einkaufsbummel daran …

Der größte Schaden
im Leben besteht darin,
etwas auf später zu
verschieben. Die größte
Hürde im Leben ist das
Warten, das etwas auf
den nächsten Tag
verschiebt und das Heute
ruiniert.

•

SENECA

24. JUNI

DO IT YOURSELF

Zucker-Peeling

ZUTATEN

- ☐ 40 g Oliven- oder Sesamöl, oder von beidem ein bisschen
- ☐ 100 g Rohrzucker
- ☐ 1 EL Honig

Zuerst das Öl zum Zucker geben, dann den Honig hinzufügen und mit einer Gabel gut vermischen. In ein sauberes Glas umfüllen. Das Peeling kann im Badezimmer oder im Kühlschrank bis zu einem Monat aufbewahrt werden. Auf der feuchten Haut unter der Dusche anwenden.

25. JUNI

WAS IST DAS?

Genauer Blick auf das *europäische Umweltzeichen*

Das europäische Umweltzeichen wurde 1992 durch eine EU-Verordnung eingeführt und kann auf freiwilliger Basis verliehen werden.

Das Ziel?

Es hilft den Verbrauchern, besonders umweltfreundliche Produkte zu erkennen. In Europa wurde es an mehr als 70.000 Produkte und Dienstleistungen vergeben. Das Label ist auch ein Ökodesign-Tool, das von Unternehmen verschiedener Sektoren verwendet wird.

NOTIZEN

27. JUNI

GEMEINSAM STARK

In Indien pflanzen 1,5 Millionen Freiwillige Bäume

Das ist ein Beispiel für die Mobilisierung der Menschen für die Umwelt und gegen die Klimaerwärmung. Der indische Bundesstaat Madhya Pradesh hat das Kunststück vollbracht, **1,5 Millionen Freiwillige** zu mobilisieren, die **66 Millionen Bäume in zwölf Stunden** angepflanzt haben: ein Weltrekord! Die rund 20 verschiedenen Baumarten sollen in den entstandenen Wäldern in Zukunft mehr CO_2 absorbieren.

28. JUNI

ZUM NACH-
DENKEN

Alle Blumen der Zukunft sind in den Samen der Gegenwart enthalten.

•

CHINESISCHES SPRICHWORT

Aloe vera
Gel mit 1000 Vorzügen

Dieses Gel sollten Sie unbedingt zur Behandlung kleinerer Verletzungen im Alltag, aber auch für viele Schönheitsanwendungen vorrätig haben!

Die Aloe vera enthält ein Gel, das **in der Küche wie auch in der Kosmetik** für Aufsehen sorgt. Es wirkt heilend und beruhigend, verkleinert Hautporen, fördert die Zellerneuerung und spendet Haut und Haaren Feuchtigkeit.

Kurzum, ein Naturprodukt, das guttut, sofern man es unverarbeitet anwendet!

30. JUNI

GRÜNER TIPP

Einen Guppyfriend®-Beutel benutzen

Einen was?

Dieser große Waschbeutel verhindert, dass synthetische Mikrofasern aus unserer Kleidung im Meer landen – bis zu **700.000 Kunststoffpartikel** werden pro Waschgang freigesetzt! Wenn jeder auf der ganzen Welt diesen Beutel in der Waschmaschine benutzen würde, könnten **35 % Mikroplastik** im Meer vermieden werden, das entspricht **500.000 Tonnen pro Jahr.**

Kleines Plus

Da durch den Beutel Reibung reduziert wird, schützt er auch Ihre Kleidung!

1. JULI

ZEIT ZUM AUSMALEN

2. JULI
ZUM NACH-
DENKEN

Die Natur genügt sich selbst.

•

HEGEL

3. JULI

INFO ZUM ANREGEN

Bananenblätter statt Plastiktüten

Biogemüse in Plastikverpackungen, auweia!

In Thailand hatte der **Rimping Supermarket** in **Chiang Mai** die geniale Idee, Gemüse in **Bananenblätter** einzuwickeln, **die regional hergestellt und garantiert ohne Pestizide sind.**

4. JULI

GRÜNER TIPP

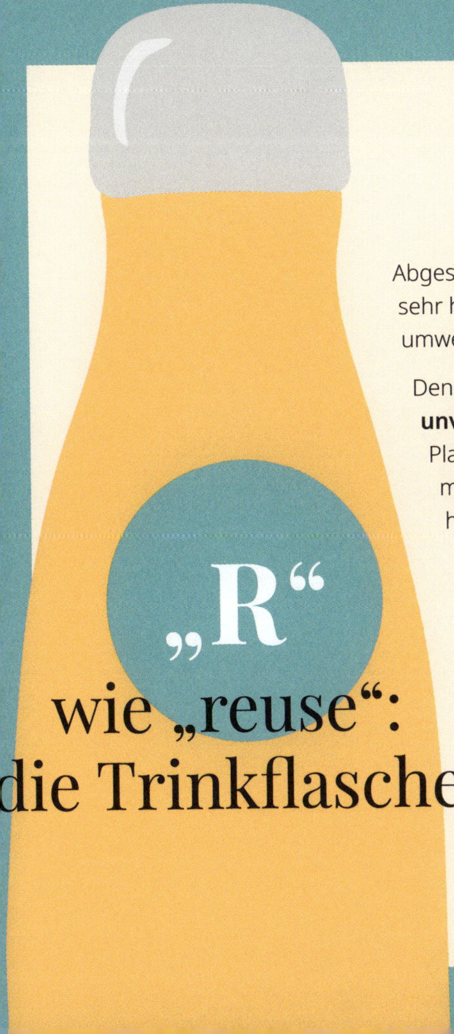

„R“ wie „reuse“: die Trinkflasche

Abgesehen davon, dass Edelstahlflaschen meist sehr hübsch aussehen, sind sie auch noch sehr umweltfreundlich.

Denn sie sind zu **100 % recycelbar und quasi unverwüstlich.** So ersetzen sie wunderbar Plastikwasserflaschen, die man nicht mehr in den Mülleimern haben möchte.

Beim Kauf

Sie kosten rund **20 Euro,** zu denen die durchschnittlich **0,003 Euro pro Liter** Leitungswasser kommen. Aber was ist das, verglichen mit den **20 Cent pro Liter** einer gekauften Plastikwasserflasche, die bestenfalls in den Recyclingprozess gelangt, schlimmstenfalls in den Ozean?

Machen Sie mit!

5. JULI

GRÜNER TIPP

GEMÜSEBEET IM JULI

Das ist im Gemüsegarten jetzt zu tun:

Aussäen: Bohnen, Endiviensalat, Erbsen, Feldsalat, Fenchel, Gurkensorten „Lemon“ oder „Crystal Apple“, Karotten, Radieschen, eine **zweite Aussaat** von Zucchini

Spezialtipp: Mit einer Gießkanne mit Aufsatz gießen und die Blätter dabei nicht befeuchten, um Krankheiten zu verhindern. Und gießen Sie weniger häufig, dafür aber reichlicher, am besten am späten Nachmittag.

6. JULI

GEMEINSAM STARK

LOKALE WÄHRUNG, EINE GUTE IDEE FÜR DIE WIRTSCHAFT

Das **Totnes-Pfund in England,** der **WIR in Basel für kleine und mittlere Schweizer Unternehmen, SoNantes in Nantes ...** Was wäre, wenn die lokale Währung die Lösung wäre, um kurze Wege, lokale Handelsbeziehungen und Geschäftspartnerschaften wieder in Gang zu bringen und die Verbindungen zwischen Einwohnern, Händlern, Produzenten und Verbrauchern wiederzubeleben? Jeder ausgegebene Cent wird wieder in das lokale Netz eingespeist.

Clever, nicht wahr?

*Ganz einfach leben,
damit alle einfach
leben können.*

•

GANDHI

8. JULI

GRÜNER TIPP

Reduzieren Sie Ihren Kleiderschrank auf ein Minimum

Ein **reduzierter und verantwortungsbewusster Kleiderschrank** – wäre das nicht was? Dann folgen Sie dem Beispiel von **Courtney Carver** und ihrem ***„Project 333“.***

Das Konzept?

Legen Sie einen Grundstock von **33 Kleidungsstücken** an, einschließlich Accessoires, Schuhen, Schmuck und Mänteln, die für drei Monate ausreichen. Und ein paar Teile werden jede Saison ausgewechselt, das ist alles.

Die Idee?

Kombinieren Sie so viele Teile wie möglich, verlassen Sie sich auf eine neutrale Farbpalette, die leicht zu kombinieren ist, wählen Sie Kleidung, die Ihnen wirklich gefällt und in der Sie sich rundum wohlfühlen.

9. JULI

INFO ZUM ANREGEN

IN ROUBAIX
IST DAS EXPERIMENT ZERO WASTE GEGLÜCKT

2014 hat das **Rathaus in Roubaix,** einem Ort in Frankreich, folgenden Versuch gestartet: die Einwohner aufzurufen, den Abfall zunächst einmal um die Hälfte zu reduzieren. **Mehr als 400 Familien sind dem Aufruf freiwillig gefolgt.**

DAS ERGEBNIS

Niemand hat den Versuch frühzeitig abgebrochen, manche haben erklärt, dass sie dabei gespart haben, und fast alle, dass sie besser gegessen haben. Der Aufruf wird nun jedes Jahr wiederholt und zieht immer mehr Familien an.

Ein weiterer positiver Aspekt: Die Einheimischen lernen sich besser kennen und haben Spaß beim Ausprobieren und Weitergeben vieler Zero-Waste-Tipps.

10. JULI

DO IT YOURSELF

Selbst gemachtes Beerensorbet

(ohne Eismaschine)

ZUTATEN

- ☐ *120 ml Wasser*
- ☐ *60 g Zucker*
- ☐ *250 g rote Beeren*
- ☐ *1 EL Zitronensaft*
- ☐ *1 Eiweiß*

Wasser und Zucker in 2 Min. zu Sirup einkochen und beiseitestellen. Die Beeren mit dem Zitronensaft pürieren. Durch ein feines Sieb streichen und mit dem Sirup vermischen. In eine Eisdose füllen und 1 Stunde ins Gefrierfach stellen. Das Eiweiß steif schlagen und mit dem Sorbet vermischen. Dann weitere 3 Stunden ins Gefrierfach stellen und jede Stunde einmal durchmischen.

11. JULI

GRÜNER TIPP

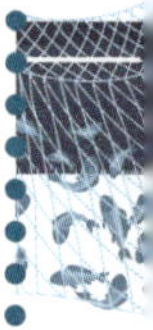

Fisch?

Ja, aber nur aus nachhaltiger Fischerei

Achten Sie beim Kauf von Fisch auf das Label des **MSC** (Marine Stewardship Council), einen kleinen blauen Fisch. Diese internationale Organisation **zertifiziert Fischereien** nach Umweltverträglichkeitskriterien. Sie garantiert, dass das Ökosystem erhalten bleibt und somit keine wertvollen Lebensräume durch die Fischerei zerstört werden, es nicht zu Überfischung kommt und internationale Standards und Gesetze respektiert und eingehalten werden.

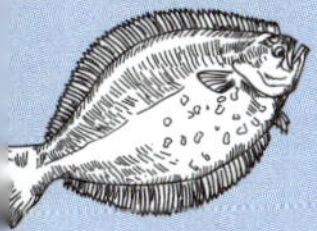

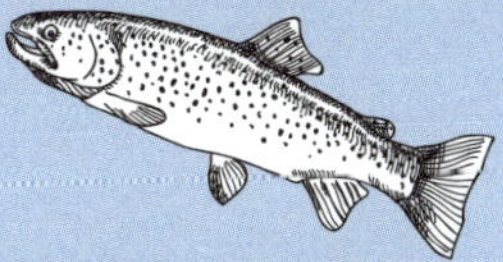

12. JULI

SCHON GEWUSST?

FISCH À LA CARTE

Um zu vermeiden, dass man bedrohte Fischarten (eine von drei Arten) und keinen exotischen sondern ausschlißlich Fisch aus nachhaltiger Fischerei isst, muss man diese kennen.

GANZ VERMEIDEN:

Die folgenden Arten stehen auf der Roten Liste der gefährdeten Arten: *Aal, Bastardmakrele, Blauleng, Glasaal, Grenadierfisch, Hai, Heilbutt, Kattfisch, Katzenhai, Meeraal, Pangasius, Rochen, Rotbrasse, Scholle, Schwarzer Degenfisch, Schwertfisch, Seebrasse, Zackenbarsch, Zahnfisch*

IN MAßEN VERZEHREN:

Jakobsmuschel, Kabeljau, Languste, norwegischer Lachs, Pollack, Sardelle, Schellfisch, Seehecht, Seezunge, Steinbutt, Weißer Thunfisch

DAGEGEN KANN MAN (NOCH) OHNE SCHULDGEFÜHLE VERZEHREN:

Echter Bonito, Forelle, Graue Dorade, Hering aus dem Atlantik, Kalmar, Köhler, Krevetten, Makrele, Meeräsche, Merlan, Muscheln, Rotbarbe, Rotzunge, Sardine, Seelachs, Tilapia, Wolfsbarsch

13. JULI

WAS IST DAS?

Agroforstwirtschaft

Bei dieser Anbaumethode werden Bäume, Acker und Tierhaltung auf ein und derselben Fläche kombiniert.

Dabei werden geschädigtes Land wiederaufbereitet und verlassene Gebiete, verarmte oder erodierte Böden wieder fruchtbar gemacht. Das beweist **Dimitri,** ein ***junger griechischer Landwirt,*** seit 2017 auf seiner **Mazi Farm.** Er hat dort bereits **8000 Bäume** gepflanzt, und die **Verbesserungen sind längst spürbar.**

14. JULI

SCHON GEWUSST?

COMEBACK DER KLEINBAUERN

70 bis 75 % der weltweit konsumierten Nahrungsmittel stammen von Kleinbauern. Wenn man bedenkt, dass die industrielle Landwirtschaft nur produzieren kann, wenn sie die Natur und die Bauern selbst zerstört, wird deutlich, dass es möglich ist, sich sehr gut – und sogar besser – mit Produkten aus der Region und vom kleinen Produzenten in der Nähe zu ernähren.

NOTIZEN

16. JULI

INFO ZUM ANREGEN

Ein Enzym, das Plastik verschlingt!

April 2018: Durch die **Untersuchung eines Bakteriums, das sich von PET-Kunststoff ernährt,** haben Forscher per Zufall ein Enzym entwickelt, das Plastik zerstören kann!

Diese unerwartete Entdeckung ist interessant, aber wenn man damit die Meere reinigen wollte, müsste man sehr viel Geduld aufbringen. Denn dieses Enzym braucht **sechs Wochen,** um ein **2 cm großes Stück PET** zu verschlingen …

17. JULI

ZUM NACH-
DENKEN

Suche das, was dir fehlt, in dir selbst.

•

KŌAN ZEN

Im Buddhismus ist Kōan eine Frage oder ein Rätsel, das der Meister seinem Schüler aufgibt und das ihn zwingt, die gewohnte Logik aufzugeben, um das Entstehen einer anderen Wahrnehmung zu begünstigen.

18. JULI

SCHON GEWUSST?

Drucken ist (fast) umweltfreundlich

Eine Studie aus dem Jahr 2011 der französischen Agentur für Umwelt- und Energiemanagement hat gezeigt: Wenn das Lesen eines Dokuments auf dem Bildschirm mehr als zwölf Minuten dauert (oder wenn man es häufig lesen muss), ist es besser, es auszudrucken.

Also ärgern Sie sich nicht über einen Kollegen/eine Kollegin, der/die den Drucker in Beschlag nimmt, um lange Berichte auszudrucken.

Er/Sie hat im Grunde recht: Natürlich verbraucht man zum Drucken Papier und Energie, aber man öffnet und liest das Dokument nicht 15-mal auf dem Bildschirm, was sehr energieaufwendig ist. Noch schlimmer ist es, wenn Sie das Dokument nicht gespeichert haben und es jedes Mal über Ihren Mail-Account öffnen müssen!

AUCH IN DEN FERIEN KOMPOSTIEREN!

DRANBLEIBEN …

Keine Ausreden, auch im Urlaub den Müll zu trennen. Nicht nachgeben! Sie müssen nur die Gemüse- und Obstschalen in einen Eimer geben.

Vergraben Sie Ihre organischen Abfälle in der Erde. Denken Sie daran: Was von der Erde kommt, kehrt in die Erde zurück. ***So einfach ist das!***

Wie viele Bäume müsste man wohl pflanzen?

Haben Sie sich auch schon oft gefragt, ob Sie der Natur wieder zurückgeben können, was Sie ihr rauben? Wie viele Bäume müssten wir also pflanzen, um unseren CO_2-Ausstoß zu kompensieren?

Um eine Tonne CO_2 aufnehmen zu können, muss eine Buche etwa 80 Jahre wachsen. Das heißt: Pro Jahr bindet die Buche 12,5 Kilogramm des Treibhausgases. Sie müssten also **80 Bäume pflanzen, um jährlich eine Tonne CO_2 durch Bäume wieder zu kompensieren.**

Zum Vergleich: Jährlich stößt jeder Deutsche im Schnitt 7,9 Tonnen CO_2 aus.

Die Intelligenz ist der Motor, mit dem man die Welt bewegt.

Balzac

22. JULI

DO IT YOURSELF

Kräuter für selbst gemachten Tee trocknen

Thymian, Salbei, Rosmarin, Minze ...

Die Kräuter zügig waschen und dann zu kleinen Sträußchen zusammenbinden. Diese kopfüber aufhängen, am besten draußen, jedoch nicht in der prallen Sonne.

Die getrockneten Kräuter in Marmeladengläser füllen. Für einen Tee mit kochendem Wasser übergießen, ziehen lassen und trinken.

Das ist eine sehr originelle Geschenkidee, mit Liebe gemacht!

GENAUER BLICK *auf genossenschaftliche Supermärkte*

Park Slope Food in New York, Scopéli in der Region Loire-Atlantique, La Louve in Paris …

Diese genossenschaftlichen Supermärkte werden von ihren Mitgliedern betrieben. Jedes Mitglied engagiert sich jeden Monat drei Stunden lang für den Betrieb des Geschäfts (Rezeption, Einräumen der Regale, Kasse …) und erhält das Recht, seine Einkäufe zu guten Preisen zu tätigen. Es ist auch eine Gelegenheit, andere kennenzulernen und zu verstehen, wie Handel funktioniert, und sich einen vernünftigen und verantwortungsvollen Konsum anzugewöhnen.

Natürliches Deodorant

ZUTATEN

- ☐ *2 TL Speisenatron*
- ☐ *100 ml Hydrolat (Pflanzenwasser) nach Wahl*
- ☐ *1 Sprühfläschchen*

Speisenatron und Hydrolat in das Fläschchen geben und warten, bis sich das Natron aufgelöst hat. Das kann mehrere Tage dauern. Vor dem Verwenden schütteln und unter die Achseln sprühen. Nach Belieben überschüssiges Wasser abwischen.

25. JULI

GRÜNER TIPP

Den eigenen Fleischkonsum überdenken

Die Fleischproduktion ist extrem umweltschädlich.
Bei der Aufzucht entstehen **14,5 % der weltweiten Emissionen,** die den Treibhauseffekt bewirken.

Das Beste?

Den Fleischkonsum so weit wie möglich reduzieren.
Und wenn Fleisch, dann immer nur in Bioqualität oder vom regionalen Bauern!
So stellen Sie zumindest sicher, dass das Tier sein Leben unter besseren Umständen verbracht hat. Und so halten Sie auch sich selbst gesünder, da konventionelles Fleisch oft Rückstände von Medikamenten und Antibiotika enthält.

Die Natur ahmt sich selbst nach. Ein Samen, der auf guten Boden fällt, bringt Neues hervor. Ein Gedanke, der auf einen guten Geist fällt, bringt Neues hervor.

•

BLAISE PASCAL

27. JULI

WAS IST DAS?

Haben Sie FONIOHIRSE gesagt?

IN UNSEREN WOHLHABENDEN LÄNDERN IST DIESES GETREIDE AUCH ALS WEIßER FONIO BEKANNT. ES BESITZT VIELE POSITIVE EIGENSCHAFTEN. WEIL ES SCHNELL KEIMT, WIRD ES IN MEHREREN REGIONEN AFRIKAS ANGEBAUT, ZUDEM IST ES ANSPRUCHSLOS, GEDEIHT AUF KARGEN BÖDEN UND HAT DABEI DIE GLEICHEN NÄHRWERTE WIE REIS. ES HAT EINEN LEICHT NUSSIGEN GESCHMACK. KOCHEN SIE DARAUS BREI, FLEISCHKLÖßCHEN ODER COUSCOUS.

Selbst gemachtes Duschbad

ZUTATEN

Alle Zutaten sind in Spezialgeschäften, Bioläden oder im Internet erhältlich:

- ☐ *60 g SCI Tensid-Pulver (Natriumcocoylisethionat)*
- ☐ *100 g Wasser*
- ☐ *20 g Pflanzenöl (z. B. Oliven-, Kokos- oder Avocadoöl)*
- ☐ *10 g Shikakai-Pulver*
- ☐ *15–20 Tropfen ätherisches Zitronen- oder Pampelmusenöl*
- ☐ *kleine Förmchen*

Das Tensid mit dem Wasser mischen und im Wasserbad schmelzen, das Pflanzenöl unterrühren. Das Shikakai-Pulver und das ätherische Öl hinzufügen. Die Masse in Förmchen füllen und sich noch einen Tag gedulden.

In Nepal nimmt die Tigerpopulation wieder zu

Ein schöner Erfolg für Nepal, wo sich die Tigerpopulation innerhalb von zehn Jahren verdoppelt hat. Ihre Zahl ist von **121 im Jahr 2009** auf **235 im Jahr 2018** angestiegen. Das Land hatte sich verpflichtet, dieses Ziel bis **2022** zu erreichen. ***Und hat die Mission vier Jahre früher als geplant erfüllt.***

Der 29. Juli ist der Internationale Tag des Tigers. Im **20. Jahrhundert hat** sich die Population der wild lebenden Tiger um **97 %** verringert!

30. JULI

SCHON GEWUSST?

KUNSTSTOFF, *der verrückt macht*

Eine Studie der Zeitschrift ***Science Advances*** aus dem Jahr **2017** ergab, dass **seit 1950** die Menschheit **8,3 Milliarden Tonnen Kunststoff** hergestellt hat, das sind **822.000 Eiffeltürme.**

Davon wurden **6,3 Milliarden** zu Abfall, von denen nur **9 % recycelt, 12 % verbrannt** und bis zu **79 % auf Deponien oder sogar in der Natur abgeladen** wurden!

Zahlen, bei denen einem schwindlig wird.

Rettet die Bienen!

2019 gab es in **Bayern** ein **Volksbegehren zur Artenvielfalt** mit dem Leitsatz: „Rettet die Bienen!" **1,8 Millionen Bürger** haben sich dafür starkgemacht … und gewonnen. Die Landesregierung hat ein Maßnahmenpaket verabschiedet.

Was wurde erreicht?

Zu den größten Erfolgen zählen die Einstellung von je 50 Biodiversitäts- und WildlebensraumberaterInnen sowie der Erhalt von 10 % Naturwaldfläche und blühende und summende Streifen entlang von Gewässern.

1. AUGUST

WAS IST DAS?

Welterschöpfungstag

Jedes Jahr berechnet die **NGO Global Footprint Network** den Tag, an dem die Menschheit ihre natürlichen Ressourcen aufgebraucht hat, die die Erde innerhalb eines Jahres erneuern kann.

Dieser ***„Welterschöpfungstag"*** rückt immer weiter nach vorn. Im Jahr **1992 fiel er auf den 14. Oktober, 2018 auf den 1. August.** Und wenn es so weitergeht und wir nicht tätig werden, könnte er 2030 im Juni sein …

2. AUGUST

ZEIT ZUM AUSMALEN

Verbot von Einmalwindeln auf Vanuatu

Der Inselstaat im Südpazifik hat eine radikale Entscheidung gefällt.

DIE ÜBERLEGUNG?

Da es Alternativen zu den äußerst umweltschädlichen und teuren Einmalwindeln gibt, die zudem einen bedeutenden Teil des Hausmülls ausmachen, verbieten wir diese.

Dieses seit 2019 gültige Verbot sowie das Verbot anderer Produkte macht Vanuatu zu einem der Länder mit der strengsten Gesetzgebung im Hinblick auf Kunststoffprodukte.

Handys für Hummel, Biene und Co.

Eine Sammelaktion des NABU zum Mitmachen!

DIE AUSGANGSLAGE:

Nach Schätzungen lagern in deutschen Schubladen rund **105 Millionen Handys.** Die durchschnittliche Nutzungsdauer eines solchen Geräts beträgt nämlich lediglich 18 Monate.

WOHIN MIT DEM ALTEN GERÄT?

Per Post an **NABU** verschicken oder an einer Sammelstelle abgeben. Die gemeinnützuge GmbH **AfB** (Arbeit für Menschen mit Behinderung) sortiert und prüft für den **Wiederverkauf** oder das **Recycling.** Der Erlös fließt dann in den **Insektenschutz.**

Weitere Infomationen unter:
www.NABU.de/handyrecycling

5. AUGUST

GRÜNER TIPP

GEMÜSEBEET IM AUGUST

Das ist im Gemüsegarten jetzt zu tun:

Aussäen: Feldsalat, Fenchel, Kerbel, Radieschen, Rauke, Rüben, Spinat, weiße Zwiebeln.

Pflanzen: Blumenkohl, Brokkoli, Chicorée, Kohlrabi, Kopfkohl.

Spezialtipp: Decken Sie mit umgedrehten Kisten Sämlinge und Setzlinge ab, um das Wachstum zu fördern und sie gleichzeitig vor der Sonne zu schützen. Das ist einfach und verursacht keine Kosten.

6. AUGUST

DO IT YOURSELF

Selbst gemachte Après-Sonnencreme

SIE BRAUCHEN:

- ☐ 2 EL Kokosöl
- ☐ ½ EL Karitébutter
- ☐ 1 EL Karottenöl
- ☐ 3½ EL Aloe-vera-Gel
- ☐ 7–10 Tropfen ätherisches Teebaumöl

Alles miteinander vermischen. Den Pflegebalsam im Kühlschrank aufbewahren und zum Anwenden zwischen den Fingern erwärmen. Oder einfach etwas Karitébutter oder Aloe-vera-Gel verwenden.

Ein Mensch ist reich
an allem, worauf er
verzichten kann.

•

HENRY DAVID THOREAU

Einen Baum als sensibles Lebewesen betrachten?

Der **Verein A.R.B.R.E.S** hat im Frühjahr 2019 der französischen Nationalversammlung ein ehrgeiziges Projekt vorgestellt: ***die Erklärung der Rechte des Baumes.***

DAS ZIEL?

Den Baum zum sensiblen Lebewesen erklären und das Verhalten des Menschen dem Baum gegenüber ändern. Man weiß bereits, dass Bäume in der Lage sind, zu kommunizieren und sich gegenseitig zu schützen, also immerhin …

Einen Tawashi-Schwamm anfertigen

Dieser fast unverwüstliche Zero-Waste-Schwamm wird aus alten Strumpfhosen oder T-Shirts angefertigt.

MATERIAL

- ☐ *Brett, 14 x 14 cm*
- ☐ *10 Nägel*
- ☐ *Hammer*
- ☐ *Stumpfhose oder T-Shirt*

ANLEITUNG

- ☐ Auf jede Seite des Bretts fünf Nägel einschlagen, im Abstand von 3 cm zu den Ecken und 2 cm zwischen den Nägeln.
- ☐ Die Strumpfhose oder die Ärmel eines Kinder-T-Shirts in 3 cm breite Streifen schneiden (am besten haben die Shirts und Strumpfhosen jeweils dieselbe Größe), sodass Stoffringe in derselben Länge entstehen.
- ☐ Diese in eine Richtung um die Nägel legen und von oben nach unten spannen. Dann mit den anderen Streifen darüber und darunter weben, die Enden über die Nägel der noch freien Seiten legen.
- ☐ Zum Schluss das Ende eines Stoffrings in einer Ecke vom Nagel abnehmen, den danebenliegenden Ring ebenfalls abnehmen und darüberlegen. So bis zum letzten Ring fortfahren, bis noch eine Schlaufe übrig bleibt, an der das Tawashi aufhängt werden kann.

10. AUGUST

GRÜNER TIPP

VON HAND *spülen oder* IN DER SPÜLMASCHINE?

Sie sagen, von Hand. Hm, nein.

Eine neuere und gut gefüllte Maschine verbraucht zwischen **neun und zwölf Liter Wasser pro Spülgang,** verglichen mit **durchschnittlich 42 Litern beim Spülen von Hand.**

Voraussetzung ist jedoch, dass der Geschirrspüler im **Ökomodus läuft, der bis zu 45 % Strom spart.** Und wenn Sie den Abwasch von Hand machen, lassen Sie das Wasser nicht unnötig zwischen zwei Tellern laufen.

11. AUGUST

ZUM NACH-
DENKEN

Der einzige Mensch, der keine Fehler macht, ist derjenige, der nichts macht.

•

THEODORE ROOSEVELT

12. AUGUST

SCHON GEWUSST?

Welttag des Elefanten

Das größte Säugetier der Erde, **Symbol der Weisheit,** ist bedroht, vor allem aufgrund von Wilderei.

In Afrika ist die Population zu Beginn des 20. Jahrhunderts um **drei bis fünf Millionen auf heute 415.000** zurückgegangen. Vom Asiatischen Elefanten **leben nur noch 50.000 Tiere,** weshalb er auf der Roten Liste der bedrohten Arten steht.

13. AUGUST

GRÜNER TIPP

Kleine Anleitung zum Aufbewahren von Lebensmitteln

IM KÄLTESTEN BEREICH DES KÜHLSCHRANKS (GANZ OBEN ODER GANZ UNTEN):

tierische Produkte, Milchprodukte, Aufschnitt, frischer Saft und gekochte Speisen

IN DEN ANDEREN KÜHLSCHRANKFÄCHERN:

gekochte Speisereste, Joghurt, Käse. In der Tür: Eier, geöffnete Getränke, Butter. Im Gemüsefach: Käse, der alt werden darf, Obst und Gemüse, das kühl gehalten werden muss, wie etwa Spargel oder Salat, in ein feuchtes Tuch gewickelt.

ACHTUNG

Tomaten, Kartoffeln und Zwiebeln bewahrt man aus Geschmacksgründen und wegen der Nährstoffe nicht im Kühlschrank auf!

Vorratsregale und Kühlschrankfächer immer nach Haltbarkeit der Vorräte sortieren!

Schnelles Trockenshampoo

WIE MACHT MAN DAS?

Man braucht nur etwas weiße Tonerde in Pulverform, mit der man die Haarwurzeln bepudert. Dann mit den Fingern verreiben und ausbürsten. So ist der Wuschelkopf schnell und trocken gereinigt.

Funktioniert auch mit Körperpuder!

Wenn jeder nur das aufbewahren würde, was er braucht, würde nichts fehlen und jeder wäre mit dem zufrieden, was er hat.

•

GANDHI

Schokoladen-Zucchini-Kuchen ohne Butter

ZUTATEN

- ☐ *150 g Zucchini*
- ☐ *200 g dunkle Schokolade*
- ☐ *100 g Rohrzucker*
- ☐ *40 g Honig*
- ☐ *4 Eier*
- ☐ *40 g gemahlene Mandeln*

Die Zucchini schälen und reiben, die Schokolade schmelzen und beides miteinander vermischen. Zucker, Honig und Eier zu einer schaumigen Masse aufschlagen und unter die Zucchini-Schokoladen-Mischung rühren. Die Mandeln hinzufügen. Den Teig in eine mit Backpapier ausgelegte Kuchenform füllen und 25 Minuten bei 180 °C backen.

NOTIZEN

18. AUGUST

SCHON GEWUSST?

DURCH KÄLTE-ERZEUGUNG STEIGT DIE STROMRECHNUNG

Auf Gefriergeräte und Kühlschränke entfallen bis zu **30 % des Stromverbrauchs der Haushalte.** Ohne Heizung und Warmwasser ist dies der größte Posten für Energieausgaben.

Taut man Gefrier- und Kühlschränke alle drei Monate ab, **spart man 30 bis 50 %**, ebenso durch die regelmäßige Reinigung der Lüftungsgitter. Ein Kühlschrank der **Klasse A++ verbraucht 45 % weniger Energie** als ein Gerät der **Klasse A,** d. h., über die gesamte Lebensdauer eines Geräts **spart man 375 Euro Ökostrom.**

19. AUGUST

GEMEINSAM STARK

Dank des Umweltschutzes lebt ein Dorf in der Dordogne wieder auf

Im Kampf gegen die Verödung setzt das Dorf ***Saint-Pierre-de-Frugie*** in Frankreich auf den Umweltschutz. Im Zentrum des kommunalen Projekts steht der Schutz der Artenvielfalt.

Auf der To-do-Liste:

Bioladen mit Kneipe, Montessori-Schule, Urban Gardening, kommunale Bienenstöcke, Verzicht auf synthetische Pestizide, Gebrauchtwarenladen, Zirkusschule …

Wenn wir uns an der Natur orientieren, werden wir uns niemals verirren.

•

Cicero

21. AUGUST

INFO ZUM ANREGEN

Schuhe aus Algen!

Eine gute Idee, die die Meere reinigt und recycelt, was recycelbar ist.

Die Marken ***Vivobarefoot,*** spezialisiert auf Outdoor- und Sportartikel, und ***Bloom,*** ein Verein, der Produkte auf Basis von Algen herstellt, haben sich zusammengetan und Sportschuhe angefertigt!

Auf diese Weise kann auf petrochemisches Material verzichtet und die durch Algen kontaminierten Gewässer gereinigt werden *(215 Liter pro Schuhpaar).*

22. AUGUST

GEMEINSAM STARK

Juvisy-sur-Orge/Tillaberi: eine erfolgreiche Partnerschaft

Die nordfranzösische Gemeinde ***Juvisy-sur-Orge*** hat eine Städtepartnerschaft mit ***Tillaberi*** in Niger.

Die Aktionen dieser solidarischen Partnerschaft haben es ermöglicht, **67 Hektar zerstörtes Land** wiederherzustellen, mithilfe der Installation von Wasserstaubecken in dieser von Dürre heimgesuchten Region und dank des Anbaus von 6324 Setzlingen und Samen. Damit konnte auch die Landflucht eingedämmt werden.

23. AUGUST

GRÜNER TIPP

MISSION BIO BATCHCOOKING

Bei diesem Trend aus den angelsächsischen Ländern steht man an dem Tag, an dem man das Essen für die ganze Woche vorbereitet, für ein paar Stunden hinter dem Herd. Indem man die Speisen vorher plant, verschwendet man weniger und ernährt sich ausgewogener.

ZWEI MÖGLICHKEITEN:

Entweder bereitet man alles im Voraus zu und muss die Speisen dann nur noch aufwärmen oder man kocht Sättigungsbeilagen, Gemüse und etwas Fleisch vor und stellt die Gerichte am jeweiligen Tag zusammen.

Sie können auch eine große Menge vorkochen und davon etwas einfrieren oder ein Resteessen planen.

24. AUGUST

INFO ZUM ANREGEN

Kopenhagens *nachhaltiger Verkehr!*

Die dänische Hauptstadt ist eine Modellstadt für ein nachhaltiges Verkehrskonzept. Die Straßen sind so angelegt, dass sich Radfahrer auch außerhalb des Stadtzentrums problemlos fortbewegen können.

Vier von fünf Einwohnern besitzen ein Fahrrad und 2016 zählte man in Kopenhagen schon mehr Fahrräder als Autos!

Ziel der Stadt:

die erste CO_2-neutrale Hauptstadt werden

Unter jeder Regierung
hat die Natur dem Unglück
der Menschen Grenzen
gesetzt. Jenseits der Grenzen
herrschen Tod, Flucht
oder Revolte.

•

DIDEROT

Vegetarische Lasagne

ZUTATEN FÜR 4 PERSONEN

- ☐ *500 ml selbst gemachte Béchamelsoße*
- ☐ *4 mittelgroße Zwiebeln*
- ☐ *6 Tomaten*
- ☐ *4 Zucchini*
- ☐ *200 g Tomatensoße*
- ☐ *Lasagneblätter (selbst gemachte Nudelblätter)*
- ☐ *400 g geriebener Gruyère (am Stück kaufen und selber reiben)*

Die Béchamelsoße zubereiten (30 g Butter, 1 gehäufter EL Mehl, 500 ml Milch). Die Zwiebeln glasig anbraten. Gewürfelte Tomaten und in Scheiben geschnittene Zucchini hinzufügen, salzen, pfeffern und anbraten. Tomatensoße hinzufügen und noch 20 Minuten bei mittlerer Hitze köcheln lassen. In eine Auflaufform schichtweise Lasagneblätter, Gemüsesoße, Béchamelsoße und den Gruyère usw. einfüllen.
Bei 200 °C 35 Minuten backen.

27. AUGUST

INFO ZUM ANREGEN

ALLE IM HOMEOFFICE?

Die Arbeit im Homeoffice ist praktisch, umweltfreundlich und zukunftsweisend und sollte vorangetrieben werden. Nach einer aktuellen Umfrage ermöglichen **vier von zehn deutschen Unternehmen** ihren Mitarbeitern das Arbeiten von zu Hause. Über **60 %** der Deutschen sprechen sich zudem für einen **gesetzlichen Anspruch auf Homeoffice** aus.

Die Angestellten im Homeoffice merken, dass sie besser arbeiten und Zeit und Geld sparen, ganz zu schweigen davon, dass so weniger Umweltverschmutzung durch den Verkehr verursacht wird.

BLEIBEN WIR DRAN!

In Besançon ist das Kompostieren ein großer Erfolg

Im Jahr 2017 wurden in Besançon in Frankreich dank der Einrichtung einer kommunalen Sammelstelle, wo **70 % des Mülls** abgeführt werden, **743 Tonnen Bioabfälle** kompostiert. Das führte dazu, dass die Stadt bei Privatpersonen einen **Rückgang des Restmülls um 30 %** verzeichnen konnte.

Rezept für leckere „Arme Ritter“

ZUTATEN:

- ☐ *1 l Milch*
- ☐ *200 g Zucker*
- ☐ *1 Päckchen Vanillezucker*
- ☐ *altbackenes Brot*
- ☐ *3 Eier*
- ☐ *Salz*
- ☐ *Butter*

Milch, 5 EL Zucker und Vanillezucker in eine Schüssel geben. Das Brot in nicht zu dicke Scheiben schneiden und darin einweichen. Dann leicht abtropfen lassen. Die Eier mit 1 Prise Salz verquirlen und das Brot hineinlegen. Anschließend in einer Pfanne in etwas geschmolzener Butter backen. Mit Zucker bestreuen und servieren.

30. AUGUST

ZUM NACH-
DENKEN

Wahre Weisheit besteht darin, nicht von der Natur abzuweichen, sondern unser Verhalten nach ihren Gesetzen und ihrem Vorbild zu gestalten.

•

Seneca

Okzitanien, die erste Region mit positiver Energiebilanz

Durch den Kurs der **Région à énergie positive** (RéPos) möchte Okzitanien in Südfrankreich bis 2050 die erste Region mit einer positiven Energiebilanz werden.

Wie?

Durch die Einbeziehung der Öffentlichkeit, von Unternehmen, Industrien, Verbänden etc. in die Energiewende.

Ziel:

Halbierung des Energieverbrauchs der Bevölkerung und Verdreifachung der Produktion erneuerbarer Energien.

1. SEPTEMBER

ZEIT ZUM AUSMALEN

2. SEPTEMBER

INFO ZUM ANREGEN

San Francisco möchte eine Zero-Waste-Stadt werden!

Die kalifornische Stadt stellt sich einer Herausforderung: Sie möchte **die erste Zero-Waste-Stadt** werden.

Die Einwohner haben jeweils drei Mülltonnen (für Rest-, Recycling- und Biomüll) und bereits gute Ergebnisse beim Recycling erzielt, denn **80 % ihrer Abfälle** werden wiederverwendet. Um sie dazu zu bewegen, Müll zu kompostieren – und somit ihren Restmüll zu reduzieren oder zu recyceln –, verringern sich dafür ihre Müllgebühren. Und damit die Stadt die Herausforderung meistern kann, hat **Recology, das Hightechunternehmen,** das die Abfälle der Stadt sammelt, das größte Sortierzentrum der Welt eingerichtet: den Pier 96.

Ein inspirierendes Modell!

3. SEPTEMBER

GRÜNER TIPP

Über Nacht einfach mal abschalten?

Wenn das **Internet 24 Stunden am Tag läuft,** verbraucht es das ganze Jahr über so viel Energie wie eine Waschmaschine!

Wenn Sie eine Zeitschaltuhr installieren und somit das Netz nachts ausschalten, könnten Sie jährlich zwischen **65 und 130 kWh** oder **8 bis 16 Euro** sparen. Eine kleine Summe, aber sehr einfach umzusetzen und gut für den Planeten.

Die Natur hat keinen besonderen, sondern einen universellen Zweck.

•

RALPH WALDO EMERSON

Tierische Rasenmäher in Lille

An der Universität Lille 1 werden die Rasenflächen seit 2010 von **Ponys** gemäht! Die Tiere haben zur großen Freude der Studenten die lärmenden, umweltverschmutzenden und energiefressenden Rasenmäher ersetzt.

GEMÜSEBEET IM SEPTEMBER

Das ist im Gemüsegarten jetzt zu tun:

Aussäen: Feldsalat, Frühlingskohl, Radieschen, Spinat, weiße und rote Zwiebeln und Wintersalate

Im Gewächshaus aussäen: Blumenkohl

7. SEPTEMBER

GEMEINSAM STARK

Die Berufe der Zukunft gemeinsam erfinden

Das schlägt **Pixis,** eine ganz neue Orientierungsplattform, vor.

Sie richtet sich an Jugendliche zwischen **14 und 26 Jahren** und hilft ihnen, zu verstehen, was sie antreibt und motiviert. Aber das ist noch nicht alles: Dank eines Chatbot-Systems (ein Computerprogramm, das ein Gespräch simuliert, sei es mündlich oder schriftlich) bietet sie auch eine Bewertung des Gesprächs an.

Pixis ermutigt junge Menschen, sich die Arbeitsplätze der Zukunft vorzustellen. Viele haben mit nachhaltiger Entwicklung zu tun.

„R“ wie „reuse“: Bücher

Bibliotheken, öffentliche Bücherschränke, Hofverkäufe ... Es gibt viele Möglichkeiten, wie man ohne übermäßigen Konsum (und ohne Bäume zu fällen) lesen kann. Die meisten Bücher liest man ja nur einmal.

Die Lösung für Zero-Waste-Schmökern?

Gehen Sie zu öffentlichen Bücherschränken, wo Sie sich kostenlos bedienen und Bücher abgeben können, die Sie nicht mehr brauchen; melden Sie sich bei Ihrer örtlichen Bibliothek an oder kaufen Sie gebrauchte Bücher.

Und verkaufen Sie Ihre Bücher auch im Antiquariat in Ihrem Stadtviertel oder im Internet (z. B. Zentrales Verzeichnis Antiquarischer Bücher ZVAB, AbeBooks, momox).

9. SEPTEMBER

ZUM NACH-
DENKEN

Der Anblick der Natur
ist immer schön.

•

ARISTOTELES

Zero-Waste-Einkäufe sind immer die besten

Es gibt keine Ausreden mehr, keine lose Ware zu kaufen. Inzwischen gibt es viele Lösungen, die Ihnen das Leben erleichtern: mobile Verkaufsstände, Onlineanbieter mit Pfandsystem und Unverpackt-Läden.

Finden Sie Ihren Unverpackt-Laden unter:

unverpackt-verband.de

Fahrrad vs. Auto: Tempomacher oder Quälerei

Womit ist man schneller, mit dem Auto oder dem Fahrrad?

Nun, in der Stadt ist es nicht das stärkste und schnellste Fortbewegungsmittel, das das Rennen gewinnt! Die **Durchschnittsgeschwindigkeit** eines **Autos in der Stadt beträgt 14 km/h** im Vergleich zu den **15 km/h eines Fahrrads.**

NOTIZEN

13. SEPTEMBER

SCHON GEWUSST?

GREEN ECONOMY
ein florierender Sektor

Green Economy, das ist nachhaltige Wirtschaft, die natürliche Ressourcen schont und die Umwelt weniger belastet.

Zwischen 2013 und 2017 wurde eine **Zunahme um 25%** solcher Projekte verzeichnet. Tatsächlich bezogen sich im Jahr 2017 **16,5% der Stellenangebote** auf diesen Bereich.

Bis 2050 könnte die Green Economy sogar **900.000 neue Arbeitsplätze** schaffen, trotz eines Rückgangs der Einstellungen im Sektor der fossilen Brennstoffe.

14. SEPTEMBER

ZUM NACH-DENKEN

Das engstirnige Verhalten der Menschen gegenüber der Natur bedingt ihr Verhalten zueinander.

•

KARL MARX

Wohin mit dem Sondermüll?

BATTERIEN
Sammelstellen in Geschäften

DRUCKER-PATRONEN
Sammelstellen bei Fachhändlern, im Supermarkt oder Wertstoffhöfen

GLÜHBIRNEN
Sammelstellen in Geschäften oder Wertstoffhöfen

KLEIDUNGSSTÜCKE
Sammelstellen oder Modeketten

MEDIKAMENTE
Apotheke; sie werden einem speziellen Entsorgungssystem zugeführt

MÖBEL UND SPERRMÜLL
Sammelstellen, Wertstoffhöfen oder Sperrmüllsammlung

COMPUTER, TELEFONE, TOASTER (ELEKTRO- UND ELEKTRONIKGERÄTE)
Wertstoffhöfe oder kommunale Sondermülldeponien

16. SEPTEMBER

WAS IST DAS?

Weltweiter AUTOFREIER TAG

Verzichten Sie heute auf Ihr Auto?

Ziel dieses Welttags – der witzigerweise mit dem Internationalen Tag für die Erhaltung der Ozonschicht zusammenfällt – ist die Förderung des kollektiven Bewusstseins für die Notwendigkeit, sich gegen die Zunahme des Verkehrs, insbesondere in den Städten, und den damit verbundenen Belastungen zu engagieren.

17. SEPTEMBER

INFO ZUM ANREGEN

Der *Ozonschicht* geht es besser!

Im Juli 2016 haben amerikanische Wissenschaftler bestätigt, dass das Loch in der Ozonschicht **seit dem Jahr 2000 um mehr als vier Millionen km² geschrumpft** ist.

Das ist die Hälfte der Fläche der Vereinigten Staaten. Diese Erholung – die der Studie zufolge bis 2050 abgeschlossen sein könnte – ist auf das Montrealer Protokoll von 1987 und insbesondere auf das Verbot vieler Chlorkohlenwasserstoffe sowie auf die weltweiten Bemühungen zur Reduzierung der Treibhausgase zurückzuführen.

Spülmaschinentabs

ZUTATEN FÜR 24 TABS:

- ☐ *60 g Waschsoda*
- ☐ *60 g Speisenatron*
- ☐ *60 g Zitronensäure*
- ☐ *60 g grobkörniges Salz*

Alles in einer Schüssel miteinander vermischen. Mithilfe eines Zerstäubers nach und nach Wasser hinzufügen, bis eine cremige, aber nicht flüssige Masse entsteht. Die Paste in Eiswürfelformen füllen und vor dem Gebrauch 24 Stunden trocknen lassen.

Oslo möchte 2050 kohlenstoffneutral sein

Das erklärte Ziel der norwegischen Hauptstadt Oslo: 50 % der Treibhausemissionen zwischen 1990 und 2020 reduzieren, dann bis 2030 auf 95 %, um 2050 kohlenstoffneutral zu sein.

Oslo, **die grüne Hauptstadt Europas,** ist schon jetzt ein Vorreiter im Bezug auf den Umweltschutz: Sie ist ein grünes Paradies und die Hauptstadt der Elektroautos – diese machen **30 % der verkauften Fahrzeuge aus!**

Auf der Welt gibt es genug, um die Bedürfnisse aller Menschen zu befriedigen, aber nicht genug für ihre Begierden.

•

GANDHI

21. SEPTEMBER

GRÜNER TIPP

Genauer Blick auf *Umweltlabels für Computer und Drucker*

Umweltbewusste Computerfreaks sollten auf die richtigen Umweltlogos wie den **Blauen Engel** oder den **Energy Star** achten, die eine energieeffiziente Nutzung der Geräte gewährleisten.

Für recycelbare, wiederverwendbare und reparierbare Produkte beachten Sie die Bewertungen bei **EPEAT** oder **TCO.** Das Siegel **80 PLUS** garantiert, dass mindestens **80 % der zugeführten Energie direkt an das Gerät übertragen wird** (somit wird weniger Energie verschwendet). Achten Sie bei Druckern und Papier auf die Siegel **Imprim'vert** (verantwortungsvoller Umgang mit Abfall und toxischen Produkten) und **FSC** (nachhaltige Waldbewirtschaftung).

22. SEPTEMBER

GRÜNER TIPP

Saisonales Obst im Herbst

Wenn die Blätter fallen, sind die Regale mit frischen Früchten nicht weniger verlockend!

IM OKTOBER GIBT ES NOCH:

frische Feigen, Haselnüsse, Mirabellen, Pflaumen, Quitten, Trauben und Zwetschgen.

In der ganzen Saison *können Sie folgendes Obst genießen: Äpfel, Birnen und Kastanien. Verzehren Sie im November die letzten Walnüsse, bevor ab Dezember Blutorangen, Clementinen, Kiwis und Pampelmusen reif werden.*

23. SEPTEMBER

GRÜNER TIPP

Saisonales Gemüse im Herbst

Legen Sie schönes, kräftigendes Herbstgemüse in warmen Farben in Ihren Einkaufskorb:

Der ***Oktober läutet das Ende*** *von Brokkoli, Blumenkohl, Mais, Paprika, Romanasalat, Roter Bete, Rüben und weißen Zwiebeln ein. Aber im November können Sie noch Spinat bekommen. Dann gibt es auch den ersten Endiviensalat.* ***Verzehren Sie den ganzen Herbst*** *hindurch Chinakohl, Karotten, Kartoffeln, Kohlrabi, Kresse, Kürbis, Lauch, Pastinaken, Rosenkohl, Rotkohl, Schwarzwurzeln, Topinambur, Weißkohl, Wirsing und Zwiebeln.*

Bald kein *Diesel* mehr in *Dänemark*

Dänemark ist in Umweltfragen sehr fortschrittlich und hat ab 2030 ein Verkaufsverbot für mit Diesel oder Benzin betriebene Autos angekündigt. Es ist das erste europäische Land, das eine solche Entscheidung getroffen hat.

Wenn der letzte Baum gefällt, wenn der letzte Fluss vergiftet, wenn der letzte Fisch gefangen ist, dann wird man feststellen, dass man Geld nicht essen kann.

•

Indianische Weisheit

Digital und grün

Gewöhnen Sie sich beim Arbeiten im Internet, sei es bei der Arbeit oder zu Hause, umweltbewusstes Verhalten an, um die Auswirkungen zu begrenzen. Denn die Digitaltechnik erzeugt so viele Treibhausgase wie die Zivilluftfahrt!

Bevor eine E-Mail von Ihrem Kollegen am anderen Ende des Netzes gelesen wird, kann sie bis zu **15.000 km** zurücklegen und durch Datenzentren laufen, die für **25 % der Treibhausgase** aus der digitalen Technologie verantwortlich sind.

Den ökologischen Fußabdruck der Internetsuche verkleinern:

- ☐ Setzen Sie Lesezeichen auf Ihre Lieblingsseiten, anstatt eine Suchmaschine laufen zu lassen *(so werden Treibhausgasemissionen geviertelt!)*.

- ☐ Schließen Sie offene Registerkarten, die unnötig Energie verbrauchen, speichern Sie Ihre Dateien lokal, anstatt über den E-Mail-Account, und löschen Sie bereits verarbeitete Nachrichten *(das Speichern von 30 unnötigen E-Mails entspricht dem Stromverbrauch einer Lampe, die 24 Stunden brennt!)*.

Versuchen Sie, Ihre Gewohnheiten zu ändern:

Einer Studie aus dem Jahr 2013 zufolge ist **Chrome** der energieintensivste Browser, vor **Internet Explorer** oder **Firefox …**

Umweltzone mit niedrigen Emissionen und Elektrotaxis in London

Der Bürgermeister der englischen Hauptstadt, **Sadiq Khan,** hat Anfang April 2019 im Stadtzentrum eine *„Umweltzone mit niedrigen Emissionen“* ausgewiesen, in der umweltschädliche Fahrzeuge gemäß den europäischen Normen verboten sind.

Sie soll 2021 erweitert werden. Busse, Reisebusse und Lastwagen müssen ebenfalls neue Normen erfüllen, um die Umweltverschmutzung in der Stadt zu reduzieren. Was die berühmten Taxis anbelangt, so wird die gesamte Flotte nach und nach auf elektrische Energie umgestellt.

Weniger Abfall mit selbst gemachtem Joghurt

Kaufen Sie eine gebrauchte Joghurtmaschine im Internet oder auf einem Flohmarkt.

ANLEITUNG

1/ Einen Liter Milch bei schwacher Hitze erwärmen, nicht aufkochen, und dann abkühlen lassen. Wenn die Milch bereits Zimmertemperatur hat, kann dieser Schritt ausgelassen werden.

2/ Für die Gärstoffe einen gekauften Joghurt oder Milchsäurebakterien untermischen (bei Backtriebmitteln zu finden).

3/ In die Joghurtmaschine gießen – nach acht Stunden ist der Joghurt fertig! Sie können auch Vanille dazugeben oder Marmelade. Wenn Sie teilentrahmte oder entrahmte Milch verwenden, verlängert sich die Reifezeit.

29. SEPTEMBER

INFO ZUM ANREGEN

Neukaledonien schützt seine Korallen

Es ist bekannt, dass die Korallen des **australischen Great Barrier Reefs** ganz besonders geschädigt sind.

Neukaledonien beheimatet ein Drittel der noch intakten Korallenriffe. Um sie so zu erhalten, wie sie sind, wurden die Riffe von ***Chesterfield, Bellona, Entrecatseaux, Pétrie*** und ***Astrolabe*** als Reservate oder Naturreservate eingestuft, mit höchster Schutzstufe, die das menschliche Eingreifen drastisch einschränkt.

30. SEPTEMBER

ZUM NACH-
DENKEN

*Es ist traurig zu denken,
dass die Natur spricht
und der Mensch ihr
nicht zuhört.*

•

VICTOR HUGO

1. OKTOBER

ZEIT ZUM AUSMALEN

2. OKTOBER
GRÜNER TIPP

Faire Mode *ist möglich*

Fast Fashion und all deren schlechte Auswirkungen (ausbeuterische Arbeitsbedingungen, Kinderarbeit, unerträgliche Ressourcenverschwendung von z. B. Wasser für den Baumwollanbau …) abzulehnen heißt, sich für unseren Planeten und seinen Fortbestand einzusetzen.

Setzen Sie auf Labels, die ungiftige Produkte **(Oeko-Tex®)** oder **biologische, ökologische** und **fair hergestellte** Textilien **(GOTS®)** garantieren.

Bevorzugen Sie allgemein natürliche Materialien wie etwa Leinen oder Hanf sowie Biobaumwolle.

Eine Oase gestalten?

Die ökologisch-solidarische Bürgerbewegung ***Les Colibris*** fördert die Errichtung von Orten der gegenseitigen Hilfe und Solidarität, sogenannten ***„Oasen“.***

Wichtige Aspekte sind die Nahrungsmittelautonomie, Zurückhaltung beim Energieverbrauch, kollektive Nutzung, Weltoffenheit und respektvolle Regierungsführung. Es gibt sogar einen MOOC (offener Onlinekurs), bei dem man lernt, wie man ***„eine Oase gestaltet“.***

4. OKTOBER

GRÜNER TIPP

GEMÜSEBEET IM OKTOBER

Das ist im Gemüsegarten jetzt zu tun:

Im Freiland oder Gewächshaus pflanzen: Blattsalate, Blumenkohl, Knoblauch, Kopfkohl (Frühjahrsernte), Schalotten, weiße Zwiebeln

Ernten: weiße Bohnen, wenn die Blätter abfallen, sowie die letzten Zucchini und Kürbisse

Die Wälder gehen den Menschen voraus, die Wüsten folgen ihnen.

•

CHATEAUBRIAND

Futuristische Taxiboote auf der Seine

Die futuristisch wirkenden ***Sea Bubbles*** sind Taxis, die ein paar Zentimeter über dem Wasser der Seine fahren bzw. darübergleiten.

Auch in Dubai, Miami und Saint-Tropez interessiert man sich für diese von dem erfahrenen Skipper ***Alain Thébault*** entwickelten **umweltfreundlichen schwimmenden Taxis, die keine CO_2-Emissionen, Lärm und Wellen verursachen.**

7. OKTOBER

GRÜNER TIPP

„R“ *wie „reduce“:* *Kaffeepulver statt Kapseln*

Wenn Sie sich die Zeit nehmen, den Kaffee aufzugießen, sparen Sie bis zu **400 Euro** und einen Berg an Müll *(bis zu 4 Eiffeltürme)* im Jahr.

Denn der Kaffee in Kapseln ist **fünf- bis siebenmal teurer als Kaffeepulver,** und nur eine von fünf Kapseln wird recycelt. Im Hinblick auf Ihr Budget und die Umwelt ist gemahlener Fair-trade-Kaffee also die beste Wahl.

Machen Sie Ihren Alltag also kapselfrei!

8. OKTOBER

SCHON GEWUSST?

LANDWIRTSCHAFT IM BIOBOOM!

Nach den Zahlen des BÖLW (Bund Ökologische Lebensmittelwirtschaft) **stellten 2019 täglich durchschnittlich fünf Bauern ihren Betrieb auf ökologische Landwirtschaft um.** In Deutschland musste seit 2005 im Schnitt jede Stunde ein landwirtschaftlicher Betieb schließen – die Zahl der Biohöfe hat sich in dieser Zeit jedoch fast verdoppelt.

Im Jahr 2019 betrug der Anteil der ökologisch bewirtschafteten Fläche an der gesamten landwirtschaftlichen Fläche **9,7 %. Bio ist auf dem Vormarsch!**

9. OKTOBER

INFO ZUM ANREGEN

Ein Gemüsegarten unter der Metro in Paris!

Im Juni 2019 startete unter der Linie 2 der Metro entlang der Stationen Barbès–Chapelle–Stalingrad ein **städtisches Landwirtschaftsprojekt.**

„Les Fermiers Généreux", wie dieser 700 m² große Gemüsegarten mit pädagogischem, offenem Ansatz genannt wird, lädt die Bürger ein, Gemüse und Kräuter anzubauen und an Kochworkshops, Verkostungen lokaler Produkte, Entspannungsräumen und Ausstellungen teilzunehmen.

Ja genau, alles unter der Metrolinie!

*Wenn ich wüsste,
dass die Welt morgen
unterginge, würde ich
heute noch einen
Apfelbaum pflanzen.*

•

MARTIN LUTHER

11. OKTOBER

DO IT YOURSELF

Sonnencreme: Nichts mehr wegwerfen!

Haben Sie noch alte Tuben mit Sonnencreme in Ihren Schränken?

Wenn Sie sie nicht mehr auf Ihre Haut auftragen möchten, reiben Sie damit Ihre Schuhe ein. Das Leder wird diese (fast) kostenlose Pflege zu schätzen wissen.

Gutes Pflanzenöl *für die Haut*

Zum Abschminken, zur Pflege der Haut und der Haare muss man nicht lang nach Ölen suchen: Ein Pflanzenöl wirkt Wunder, vorausgesetzt, Sie nehmen das richtige, und zwar ein reines und kalt extrahiertes Bioöl.

Für normale Haut und Haare eignet sich Olivenöl sehr gut, ansonsten sind andere Öle zu empfehlen:

Für fettige und zu Akne neigender Haut

Jojobaöl, reguliert die Talgproduktion der Haut

Für sensible, zu Unreinheiten und Akne neigender Haut

Schwarzkümmelöl

Für gereizte Haut

Moschusrosenöl, gegen Hautalterung und regenerierend

Für trockene Haut und bei Kälte

Arganöl

LAUFEN UND DABEI MÜLL SAMMELN? YES WE CAN!

Die Schweden nennen das „plogging". In Frankreich gründete Nicolas Lemonnier im Januar 2016 das Run Eco Team, zu dem heute mehr als 20.000 Läufer in 103 Ländern gehören. Ursprünglich joggte dieser Mann aus Nantes und hielt an, um den Müll, auf den er stieß, aufzusammeln. Diese Initiative fiel Mark Zuckerberg, dem Gründer von Facebook, auf, und der Slogan „Running in a cleaner world" wurde von vielen Fans übernommen.

14. OKTOBER

GRÜNER TIPP

„T“ *wie „teilen“*

Eine Bohrmaschine wird durchschnittlich kaum mehr als zehn Minuten im Jahr von ihrem Besitzer benutzt. ***Warum sollte man etwas, das man selten benutzt, nicht mit anderen teilen?***

Fonduegerät, Rasenmäher, elektrischer Fensterreiniger … Doch die Kunst des Teilens hört damit nicht auf. Sie können auch Ihr Auto, die Lieferung Ihrer Lebensmittel, die Bücher, den Komposthälter mit anderen teilen. Dafür sollten Sie sich mit Ihren Nachbarn vernetzen. Auf Wiedersehen auf **WeeShare, nebenan.de, frent.me, fairleihen.de …**

15. OKTOBER

ZUM NACH-
DENKEN

*Jede Kunst ist
eine Nachahmung
der Natur.*

•

SENECA

16. OKTOBER

DO IT YOURSELF

Suppe aus saisonalem Butternut-Kürbis

ZUTATEN

- ☐ *1 große Zwiebel*
- ☐ *500 g Butternut-Kürbis (oder auch andere Kürbissorten)*
- ☐ *250 g Kartoffeln*
- ☐ *1 l Wasser mit Brühwürfel, Kräutersträußchen oder Gewürzen*
- ☐ *1 Spritzer Zitronensaft*
- ☐ *Crème fraîche*

Die Zwiebel anbraten, Kürbis, Kartoffeln und Wasser mit dem Brühwürfel hinzufügen. Bei mittlerer Hitze 20 Min. kochen, Zitronensaft und Crème fraîche nach Geschmack dazugeben. Alles pürieren und servieren.

NOTIZEN

Okzitanien: ökologisches Online-konzept für kleinere und mittlere Unternehmen

Seit 2017 setzt die Industrie- und Handelskammer der Region Okzitanien zusammen mit Ademe (Agentur für Umwelt- und Energiemanagement), dem Cluster Digital 113 und der Region auf ***Green Concept*.**

Das Ziel?

Jedes Jahr sollen 30 kleinere und mittlere Unternehmen begleitet werden, um die Leistung ihrer Websites, Anwendungen, Software und damit verbundenen Objekten zu analysieren und deren Auswirkungen auf die Umwelt um den Faktor 2 oder 4 zu reduzieren. So hat beispielsweise eine Web-Marketingagentur in Montpellier dank personalisierter Unterstützung und optimierter Algorithmen die Umweltbelastung durch ihren digitalen Dienst um 75 % reduziert.

Ins Fahrrad investieren und so die Wirtschaft ankurbeln

Nach dem Gesetzestext über die Zukunft des Verkehrs und der Mobilität in Frankreich, der im Mai 2018 vom Netzwerk ***Action Climat*** veröffentlicht wurde, würde ein Euro, der in das Fahrrad investiert wird, **15-mal mehr Arbeitsplätze schaffen** als ein in ein Auto investierter Euro.

Der Text nennt auch die Zahl von **8,3 Millionen Menschen,** für die der öffentliche Verkehr (und damit die Alternative zum Auto) fehlt.

20. OKTOBER

ZUM NACH-
DENKEN

Wir stehen jetzt vor der größten Herausforderung, der sich unsere Menschheit in ihrer Geschichte jemals stellen musste: unsere eigenen selbstzerstörerischen Programme zu stoppen und die Gesellschaft durch eine Weiterentwicklung der Lebenskunst zu transformieren … Seien Sie die Veränderung, die Sie in der Welt sehen wollen!

•

GANDHI

Menstruationsartikel wiederverwenden?

Eine Frau benutzt durchschnittlich **290 Menstruationsartikel im Jahr** (Kosten: 53 Euro) und jedes Jahr werden **45 Milliarden Monatsbinden – nicht recycelbar –** weggeworfen.

Zu langlebigen Produkten wechseln?

Eine Menstruationstasse aus Silikon (20 Euro) kann zehn Jahre halten. Man muss sie nur höchstens alle acht Stunden leeren und nach jedem Zyklus sterilisieren. Sie können auch waschbare Binden (15 Euro pro Packung) oder Periodenunterwäsche (30 Euro), die das Blut aufsaugt (was sehr gut funktioniert), benutzen.

22. OKTOBER

WAS IST DAS?

WELTTAG DER ENERGIE

An diesem Welttag der Energie soll an die Länder gedacht werden, die keinen nutzbaren Zugang zu Energie haben. In einer Zeit, in der die Ökologie im Mittelpunkt der Diskussionen über die Energiefrage steht, sind die Entwicklungsländer immer noch diejenigen, die – gezwungenermaßen – auf die umweltschädlichsten fossilen Brennstoffe wie Kohle zurückgreifen.

Dies erinnert uns daran, wie wichtig ein globaler Zusammenschluss ist, um gemeinsam in die richtige Richtung zu gehen.

23. OKTOBER

GEMEINSAM STARK

TOULOUSE III:
GRÜNE UNIVERSITÄT

Die Universität Toulouse III Paul-Sabatier hat ihren Mitarbeitern und Studenten Komposter zur Verfügung gestellt, in denen sie alle ihre organischen Abfälle recyceln können, außerdem Obstgärten und agroökologische Gärten, an denen sich jeder bis zur Ernte beteiligen kann.

24. OKTOBER

INFO ZUM ANREGEN

Wycombe:
Begrünte Dächer sind verpflichtend

Wycombe, westlich von London gelegen, wurde im Mai 2018 zur ersten englischen Stadt, die ihre Bauträger verpflichtete, mindestens 25 % der Dächer aller neu errichteten Gebäude zu begrünen.

Durch die Begrünung hofft die Stadt, dass sich die Qualität der Luft, die ihre Bewohner einatmen, verbessert.

Die Natur ist ein universeller und sicherer Lehrer für denjenigen, der sie beobachtet.

•

GOLDONI

Selbst gemachtes Massageöl für Babys

ZUTATEN

- ☐ *100 ml Olivenöl*
- ☐ *100 ml Kalkwasser (aus der Apotheke)*
- ☐ *5 Tropfen Grapefruitkernextrakt zur Haltbarmachung (nach Belieben)*

Öl und Kalkwasser kräftig miteinander zu einer glatten Mischung verrühren, bis keine Tröpfchen vom Kalkwasser mehr zu sehen sind. Falls nötig, noch weiteres Öl hinzufügen. Die Mischung in einen Zerstäuber füllen und vor jeder Anwendung schütteln. Ohne Grapefruitkernextrakt hält sie sich zwei Wochen. Man kann damit den Babypopo reinigen und pflegen, das Baby massieren, Milchschorf und Ekzeme behandeln und die Babyhaut (und auch die eigene) mit Feuchtigkeit versorgen – unverzichtbar also!

CHINA: DÄCHER ALS „SCHWÄMME“

30 chinesische Städte testen das Konzept der ***Sponge City Initiative.*** Bei diesem Projekt, mit dem ein nachhaltiges Wasserkreislaufsystem geschaffen werden soll, kommen verschiedene Techniken (Dachbegrünung, Regenwassernutzung usw.) zur Anwendung, um sintflutartige Regenfälle aufzufangen und Überschwemmungsrisiken zu vermeiden, die durch die intensive Stadtentwicklung in China hervorgerufen wurden.

In **Shenzhen,** der Stadt des Pilotprojekts, schätzt man, dass mit 50 % begrünten Dächern 70 % des Wassers aufgenommen und die Stadtluft gereinigt werden könnten. Bislang sind nur 10 % der Dächer begrünt.

28. OKTOBER

WAS IST DAS?

Die Mangroven

Eine Mangrove ist ein **spezielles Ökosystem,** das sich aus holzigen Pflanzen, hauptsächlich Mangrovenbäumen, zusammensetzt, die am Wasser oder in Sümpfen vor allem in tropischen Regionen wachsen.

Eine Mangrove beherbergt eine sehr vielfältige Fauna, daher ist es besonders wichtig, sie zu erhalten. In **Madagaskar** und **Kenia** setzen sich Verbände und lokale Gemeinschaften für ihre Wiederanpflanzung ein.

Schule für weibliche Führungskräfte, ein Pilotprogramm an der Elfenbeinküste

An der Elfenbeinküste besuchen seit 2017 **24 Frauen aus sieben Kakaokooperativen** eine Schule für weibliche Führungskräfte. Dabei handelt es sich um ein innovatives Pilotprogramm, das von der ***Max-Havelaar-Stiftung*** gefördert wird, um die Lebensbedingungen zu verbessern und Ungleichheiten zwischen den Geschlechtern zu bekämpfen.

Die Teilnehmerinnen erwerben Fähigkeiten in den Bereichen Finanzen, Verhandlung und Entscheidungsfindung. Am Ende des Programms sollen sie so mehr Mitspracherecht und Einfluss in ihrer Gemeinde erlangen.

Der Mensch wird niemals
etwas Schöneres, Einfacheres
oder Direkteres finden als die
Natur, denn in ihren
Erfindungen fehlt nichts und
nichts darin ist übertrieben.

•

LEONARDO DA VINCI

Selbst gemachte Fruchtgummis

ZUTATEN

- ☐ *150 g selbst gemachtes Püree aus Biofrüchten (oder Biofruchtsaft)*
- ☐ *1 gestrichener TL Agar-Agar*
- ☐ *Silikonförmchen*

In einem Topf Fruchtpüree und Agar-Agar mischen, zum Kochen bringen und dann den Topf vom Herd nehmen. Die Masse mit einer Pipette oder einem Löffel zügig in die Förmchen füllen. Mindestens vier Stunden kühl stellen und anschließend aus den Förmchen lösen. Die Fruchtgummis halten sich zwei Wochen.

1. NOVEMBER

ZEIT ZUM AUSMALEN

Island verzichtet auf fossile Energiequellen

Man nennt Island auch ***„Insel aus Feuer und Eis“***, und das zu Recht! Aufgrund der Vulkane und Gletscher verfügt die Insel über außerordentliche Ressourcen, um ausreichend Energie aus erneuerbaren Quellen zu produzieren.

Mit Geothermie werden Elektrizität und Heizungen in den Städten betrieben, aber auch Schwimmbäder beheizt, der Schnee auf den Gehwegen geschmolzen, die Kosmetik- und Lebensmittelindustrie versorgt ... Island ist ein einzigartiges Beispiel und sehr vorbildlich, jedoch stimmt auch, dass nur wenige Länder über so viele Ressourcen verfügen.

Snacks aus eigenen Kürbiskernen

Werfen Sie Kürbiskerne nicht einfach weg!

Sie passen wunderbar zu einem Aperitif! Die Kerne sorgfältig unter laufendem Wasser waschen, um die Fasern zu entfernen. Auf einem sauberen Handtuch ausgebreitet über Nacht trocknen lassen.

Am nächsten Tag den Ofen auf 160 °C vorheizen.

Die Kerne in eine Schüssel geben, 2 TL Gewürze (Paprika, Curry, Kreuzkümmel, Piment d'Espelette o. Ä.), Fleur de Sel und Olivenöl hinzufügen und alles gut mischen. Die Kerne auf einem mit Backpapier belegten Backblech verteilen und 10–15 Minuten backen, dabei von Zeit zu Zeit wenden.

Die Natur ist nicht für uns; die Natur ist ein Teil von uns. Wir gehören zur selben Familie.

•

INDIANISCHES SPRICHWORT

5. NOVEMBER

GRÜNER TIPP

GEMÜSEBEET IM NOVEMBER

Das ist im Gemüsegarten jetzt zu tun:

Pflanzen: Blattsalate, Kopfkohl

Aussäen: Bohnen und Erbsen, wenn Sie in einer Gegend mit mildem Klima wohnen

Die Gemüsebeete zum Schutz gegen Frost mit Stroh **abdecken.**

Spezialtipp: Den letzten Mangold ernten, dabei die kleinen mittleren Blätter stehen lassen und mit Laub abdecken. Im Frühling wachsen sie zahlreich nach, noch bevor wieder nachgesät wird.

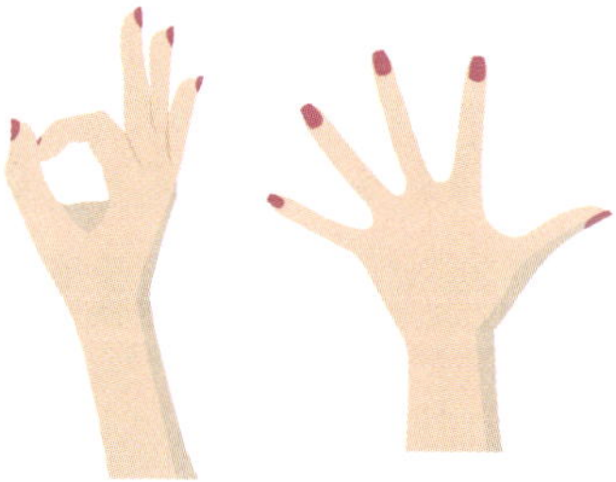

Schnell gemachte *Handcreme*

1/ 20 g Bienenwachs (aus dem Bioladen) und 200 ml Olivenöl im Wasserbad erwärmen.

2/ Das Wachs sollte schmelzen, das Öl nicht zu heiß werden. Beides vermischen und in eine Schale gießen.

3/ Die Creme härtet leicht aus, lässt sich bei der Anwendung aber gut verstreichen.

7. NOVEMBER

GRÜNER TIPP

„R“ wie „reparieren“

Oft werfen wir ein Gerät weg, sobald es erste Anzeichen von Schwäche zeigt.

Wie wäre es, sich von jetzt an der Herausforderung zu stellen, es einfach zu reparieren?

Man könnte in eines der vielen Reparaturcafés gehen. In diesen neuen ***Repair Cafés*** helfen Ihnen ehrenamtliche Experten, ein defektes Gerät zu reparieren.

In Stockholm liefert die Müllabfuhr Pakete aus

Stockholm hatte die gute Idee, Transporte zu bündeln und auf diese Weise die Kilometer zu reduzieren, die Lkw auf dem Rückweg von ihren Touren leer zurücklegen, ebenso wie von den Müllabfuhrwagen zu Beginn ihrer Fahrten.

Die Pakete werden zunächst in einem Verteilerzentrum deponiert und dann zum Zeitpunkt der Abfallsammlung mit Müllwagen nach Hause geliefert. Dadurch werden Verkehrsstaus abgebaut.

Dieses ***„Älskadestad"***-Projekt hat inzwischen auch die Stadt **Malmö** übernommen.

9. NOVEMBER

ZUM NACH-
DENKEN

Nimm stets den kürzesten Weg, er ist immer der von der Natur vorgegebene.

•

MARC AUREL

10. NOVEMBER

SCHON GEWUSST?

KORALLENRIFFE
IN ZAHLEN

Korallenriffe machen nur **0,2 % des Meeresbodens** aus, dennoch beherbergen sie allein **35 % des Meereslebens,** sowohl in Bezug auf die Biomasse als auch auf die Anzahl der Arten.

Dort sind **93.000** von den **270.000** derzeit aufgelisteten Arten zu finden. Die Korallenriffe sind jedoch ernsthaft bedroht, **20 % gelten bereits als tot** und **25 % als gefährdet.**

Immobilienwald in China

Der ***Vertical Forest in Nanjing*** besteht aus zwei 108 und 120 Meter hohen Türmen, die von einer dicken Pflanzenschicht aus 600 Bäumen, 500 Sträuchern und 2500 sonstigen Pflanzen umgeben sind, die Sauerstoff produzieren und CO_2 absorbieren. Diese 2018 eingeweihten Türme waren auch Vorbild für die Vertical Forests in Lausanne und Mailand.

Das Ziel

Die Stadt grüner und die Luft frischer und gesünder machen.

Die Deutschen und der Elektroschrott – eine traurige Geschichte

20 KG

So viel Elektroschrott entstand 2019 in Deutschland pro Kopf. Damit liegen wir im weltweiten Vergleich zusammen mit den USA ganz weit vorn. Der Durchschnittswert beträgt weit weniger, nämlich 7,3 kg.

Die Menge an Elektroschrott ist in den letzten fünf Jahren **weltweit um 21 % gestiegen.** Hauptgründe dafür sind wohl der zunehmende Konsum an Elektroprodukten und deren Kurzlebigkeit.

Wie wäre es also mit einer kleinen Diät?

13. NOVEMBER

ZUM NACH-
DENKEN

*Macht es wie die Bäume,
tauscht die Blätter aus und
betrachtet eure Wurzeln …
Tauscht eure Gedanken aus
und betrachtet eure
Ursprünge.*

•

TIBETANISCHES SPRICHWORT

14. NOVEMBER

SCHON GEWUSST?

E-Mails wiegen schwer

30 unnötige E-Mails zu lesen verbraucht genauso viel Energie wie eine Glühbirne 24 Stunden brennen zu lassen.

Auf der Welt werden innerhalb von einer Stunde zehn Milliarden Mails versendet, was einen Energieverbrauch von **50 Gigawatt/ Stunde** bedeutet oder **400 Hin- und Rückflüge zwischen Paris und New York.**

Die Lösung?

Regelmäßig die E-Mails sortieren, Papierkorb und Postausgang leeren, die Anzahl der Empfänger begrenzen, Anhänge vermeiden, prägnante und gut lesbare E-Mails schreiben. Denken Sie auch daran, sich – z. B. mit ***Cleanfox*** – bei Newslettern abzumelden, die Sie niemals lesen.

15. NOVEMBER

PLATZ FÜR NOTIZEN

NOTIZEN

Elektroautos – eine Lösung?

Auch wenn Sie beim Fahren kein CO_2 ausstoßen, so ist doch die Herstellung von E-Motoren, bei der viele Materialien erforderlich sind (besonders seltene Erden für die Batterien), sowie die Entsorgung extrem umweltschädlich.

Trotz dieser Nachteile ist der Beitrag von Elektroautos zur Klimaerwärmung zwei- bis dreimal niedriger als der von Autos mit Verbrennungsmotor.

17. NOVEMBER

GEMEINSAM STARK

KLAPPT DIE NACHBAR-SCHAFTSHILFE?

Brauchen Sie einen Babysitter, Hilfe beim Aufbau eines Regals oder beim Reifenwechsel? Fragen Sie doch ganz einfach mal bei Ihren Nachbarn an.

Helpy, nebenan.de, livy – es gibt viele Apps, über die Sie mit jemandem Kontakt aufnehmen können, der Ihnen helfen kann und dem Sie auch Ihre Dienste anbieten können.

Die Zwietracht ist das größte Übel der Menschheit, die Toleranz ist das einzige Heilmittel.

VOLTAIRE

19. NOVEMBER

INFO ZUM ANREGEN

Blumen mit Urin zum Sprießen bringen

Das von der Firma ***Faltazi*** in Nantes entworfene Uritrottoir ist ein trockenes Straßenurinal, das den im Urin enthaltenen Stickstoff und Phosphor nutzt, um Blumen zu züchten und Kompost herzustellen. So möchte man nebenbei auch das Wildpinkeln in den Städten eindämmen.

Duftkerzen mit ätherischen Ölen

MATERIAL

- ☐ *Altes Glas*
- ☐ *80 g Sojawachs*
- ☐ *Ätherisches Öl (z. B. Bergamottee, Orange, Grapefruit)*
- ☐ *Docht*
- ☐ *Bleistift*

1/ Einen hübschen Glasbehälter aussuchen.

2/ Im Wasserbad 80 g Sojawachs schmelzen. Wenn es transparent ist, den Topf vom Herd nehmen und 10 Tropfen eines ätherischen Öls hinzufügen.

3/ Mit einem Tropfen Wachs den Docht in der Mitte des Glasbehälters fixieren und das andere Ende um einen Bleistift wickeln. Diesen über den Behälter legen, damit der Docht beim Einfüllen des Wachses nicht verrutscht.

4/ Das Wachs in das Glas gießen und aushärten lassen, danach den Docht abschneiden.

ÖKOZID

Valérie Cabanes, Anwältin für internationales Recht und Ehrenpräsidentin der Gesellschaft „Notre affaire à tous", kämpft für die Anerkennung der Rechte der Umwelt und Verbrechen des Ökozids. Ökozid bedeutet, Gemeingut wie die Meere, die Atmosphäre, Naturparks usw. schwer zu schädigen oder zu zerstören.

DAS BRINGT SIE ZUM NACHDENKEN:

Die Erderwärmung könnte gut als Ökozid bezeichnet werden.

22. NOVEMBER

INFO ZUM ANREGEN

Ein zu 100 % ökologischer Staat

Seit 2017 ist der indische Bundesstaat **Sikkim** der erste zu 100 % ökologische Staat. Im Jahr 2003 hatte Sikkim diesen Transformationsprozess angestoßen. Dabei haben 66.000 Bauern die Arbeitsweisen der ökologischen Landwirtschaft übernommen, Pestizide wurden im Jahr 2016 verboten.

Seitdem werden 100 % der landwirtschaftlich genutzten Flächen auf ökologische Weise bewirtschaftet.

23. NOVEMBER

ZUM NACH-
DENKEN

*Um es gut zu machen,
reichen tausend Tage
nicht aus; um es schlecht
zu machen, reicht ein
Tag bei Weitem.*

•

CHINESISCHES SPRICHWORT

Genauer Blick auf den Minimalismus

In einer Zeit, in der wir von ***Black-Friday***-Kampagnen überschüttet werden, sollten wir uns endlich auf einen gesunden Minimalismus rückbesinnen.

Das Prinzip ist einfach: Wir entrümpeln unseren Alltag, unser Haus, unser Leben, um nur das Wesentliche, das Nützliche und das, was uns wirklich glücklich macht, zu behalten.

Less is more, dieses neue minimalistische Motto sollte man sich zu eigen machen.

25. NOVEMBER

INFO ZUM ANREGEN

EINE KANADISCHE U-BAHN, DIE MIT WINDKRAFT BETRIEBEN WIRD

Im kanadischen ***Calgary*** zielt man darauf ab, mit 23 Programmen und 250 Minderungsmaßnahmen die Treibhausgasemissionen **bis 2020 um 20 %** und **bis 2050 um 80 %** zu reduzieren.

Das ist die erste kanadische Stadt, die ein U-Bahn-System eingeführt hat, das ausschließlich mit Windenergie betrieben wird und so die Kleinigkeit von **56.000 Tonnen CO_2 einspart.**

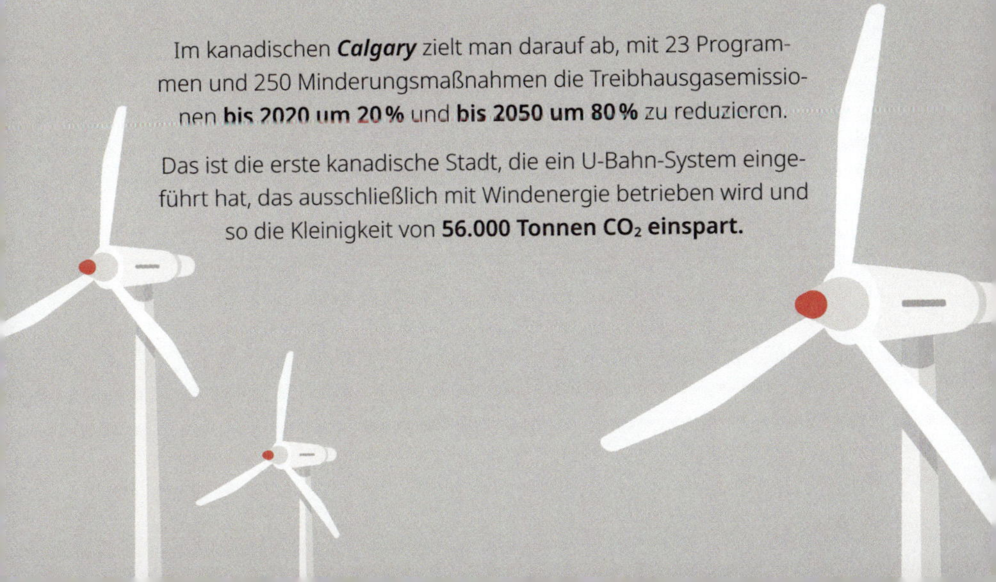

26. NOVEMBER

GEMEINSAM STARK

Pakistan: ein Tsunami von Bäumen

Im August 2017 startete in der pakistanischen Bergregion **Khyber Pakhtunkhwa** das ehrgeizige Projekt ***„Billion Tree Tsunami"***, bei dem eine Milliarde Bäume gepflanzt werden sollen.

Insgesamt wurden **350.000 Hektar Wald wiederhergestellt** und **13.000 neue Baumschulen** eingerichtet, wobei Tausende neue Arbeitsplätze entstanden sind.

Management-Hochschule in Grenoble ist bald Zero Waste

Die ehrgeizigen Ziele der Grenoble École de management für 2020?

Sie möchte **der erste europäische Zero-Waste-Campus** werden. Neben den Zielen, keinen Müll und ökologischen Fußabdruck zu produzieren, strebt die Schule ein breiteres gesellschaftliches Engagement an. Sie möchte gesellschaftliche und kulturelle Verschwendung eindämmen und dabei Unterschiede berücksichtigen und Kontakte fördern.

*Zwischen der Vergangenheit
mit unseren Erinnerungen
und der Zukunft, in der
unsere Hoffnungen liegen,
ist die Gegenwart mit
unseren Pflichten.*

·

HENRI LACORDAIRE

29. NOVEMBER

DO IT YOURSELF

23 25 18 22

Ein Zero-Waste-Adventskalender

Sie müssen nicht in 24 Kleinigkeiten investieren, um Ihre Lieben in der Vorweihnachtszeit zu verwöhnen. Wie wäre es, wenn Sie ihnen dieses Jahr stattdessen jeden Tag ***etwas gemeinsame Zeit schenken?***

Einen Kinobesuch, einen Familienausflug, zusammen mit Salzteig basteln, gemeinsam ein Brettspiel spielen, ein liebes Wort.

Teilen Sie mit Ihrer Familie diese schönen Momente.

Rezept für Pesto aus Karottengrün

ZUSAMMEN PÜRIEREN:

Sorgfältig gewaschenes Karottengrün, geriebenen Parmesan, Olivenöl, Pinienkerne, Knoblauch, Salz und Pfeffer.

MENGEN:

Bauen Sie auf Ihre Erfahrung und kalkulieren Sie die Mengen nach Geschmack. Das Pesto passt gut zu Nudeln und kann auch eingefroren werden.

1. DEZEMBER

ZEIT ZUM AUSMALEN

2. DEZEMBER

INFO ZUM ANREGEN

Afrika vs. Plastik

Der afrikanische Kontinent ist ein Vorreiter im Kampf gegen Plastik.

Seit 2004 gibt es in **Ruanda** ein Verbot von Plastik *(Tüten und Verpackungen)*. Dem Beispiel sind schon viele weitere Staaten gefolgt. Im Jahr 2017 schlossen sich **Kenia,** der **Südsudan** und 2018 **Burundi** an.

2019 hat **Tansania** die Produktion, den Verkauf und die Verwendung von Plastiktüten verboten.

*Die Erde hat eine Haut
und die Haut hat Krankheiten;
eine dieser Krankheiten heißt
Mensch.*

•

NIETZSCHE

4. DEZEMBER

GRÜNER TIPP

GEMÜSEBEET IM DEZEMBER

In diesem Monat wird im Gemüsegarten nichts angepflanzt, aber es fallen ein paar kleinere Arbeiten zum Schutz der nächsten Aussaat an.

Wurzelgemüse im Beet mit Stroh oder Laub **abdecken.**

Bei starkem Frost Karotten und Winterradieschen im Beet mit Schutzvlies abdecken.

Spezialtipp: Für einen von Jahr zu Jahr reichhaltigeren Gemüsegarten die Pflanzen abwechseln und keine zu ähnlichen Pflanzen nacheinander an derselben Stelle anbauen (mit Wurzeln, Knollen, Blüten oder Früchten …).

Der große Smog 1952 in London

Vom 5. bis 9. Dezember 1952 lag **London** unter einer dicken Nebelschicht, dem **Smog.**

Dieser dicke bräunliche Dunst war eine Mischung aus feinen Partikeln und Ozon, vermischt mit Kohlenrauch, wodurch die Sicht eingeschränkt war. Die Zahl der **vorzeitigen Todesfälle im Zusammenhang mit Smog schätzte man auf 4000,** in Wirklichkeit waren es aber 12.000.

Das war Londons schlimmste Luftverschmutzung aller Zeiten.

Die Kunst des Furoshiki

BITTE WAS?

Bei dieser japanischen Kunst geht es darum, Geschenke in Stoff zu wickeln. Hübsch, umweltfreundlich und nachhaltig!

Das Geschenk mittig auf ein Stoffquadrat legen, eine Ecke um das Geschenk legen, dann die gegenüberliegende, diese kann auch noch eingeschlagen werden. Die beiden anderen Ecken eindrehen und über dem Päckchen mit einem festen Knoten verschnüren.

Wenn Sie eine Flasche einwickeln wollen, verknoten Sie zwei Ecken über dem Flaschenhals und legen die anderen um die Flasche herum.

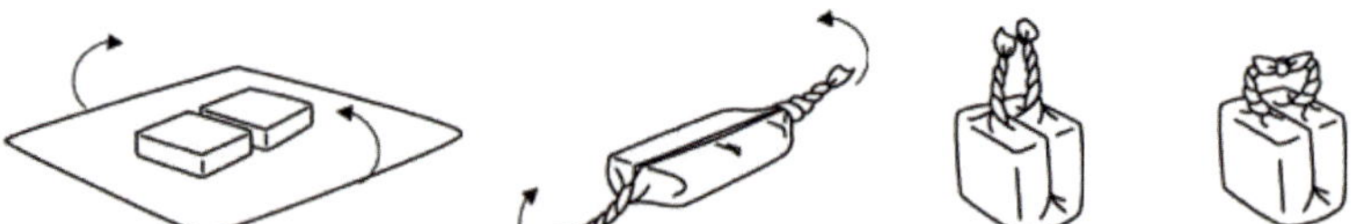

7. DEZEMBER

ZUM NACH-
DENKEN

In der Natur hat alles seinen Sinn. Wenn du diesen Sinn verstehst, brauchst du keine Versuche mehr.

•

LEONARDO DA VINCI

8. DEZEMBER

INFO ZUM ANREGEN

Wenn sich große Städte für die Wälder einsetzen

45 Großstädte haben sich zu einem neuen Aktionsbündnis zusammengeschlossen: ***Cities4Forests*** möchte die Wälder in der Umgebung von urbanen Zentren bewahren und erneuern.

Denn gemäß dem Bericht des Weltklimarats spielen Waldgebiete eine bedeutende Rolle für die Stabilisierung des Klimas.

Am 8. Dezember ist Weltklimatag.

BRETONISCHES GEBÄUDE MIT TROCKENTOILETTEN

Das ist eine Premiere in Frankreich. Zwar hatten bisher schon einzelne Häuser Trockentoiletten, aber dies ist das erste Mal, dass ein Immobilienprojekt mit mehreren Einheiten mit der Installation einer solchen Sanitärausstattung experimentiert.

Keine Sägespäne, sondern ein Pedal, mit dem man den Inhalt des WCs in einen gemeinsamen Tank befördert. Alle sechs Monate werden die Exkremente entsorgt und **zu Dünger verarbeitet.**

10. DEZEMBER

SCHON GEWUSST?

Natürlicher vs. künstlicher Tannenbaum: *eine knifflige Frage an Weihnachten*

Die meisten Weihnachtsbäume stammen tatsächlich aus Deutschland. Der Importanteil aus Dänemark entsprach 2019 nur noch ca. 10 %.

Es dauert fünf bis zehn Jahre, bis ein Baum wächst, und man braucht dafür 1000 Liter Wasser je m². Das kommt Ihnen viel vor? Im Vergleich dazu dauert es 20 Jahre, bis sich ein Plastikbaum unter dem Aspekt des CO_2-Ausstoßes lohnt. Allerdings wird er durchschnittlich nur sechs Jahre lang genutzt.

Private Haushalte mit mehr als drei Personen kaufen zu 80 % einen Weihnachtsbaum, **88 %** von ihnen entscheiden sich für einen natürlichen und **12 %** für einen künstlichen.

11. DEZEMBER

GEMEINSAM STARK

Ein lokales soziales Netzwerk gegen die Isolation

In Lormes, im Departemant Nièvre, gehören **80 % der 1500 Einwohner** dem generationenübergreifenden sozialen Netzwerk an, dem

fairecompagnie.com.

Diese Plattform für gegenseitige Unterstützung hilft Menschen, aus der Isolation herauszukommen, und bietet Nachbarschaftshilfe an. Im **Vereinigten Königreich** wurde sogar ein Ministerium für Einsamkeit geschaffen, um das Leid der Isolation zu bekämpfen.

Der Atem der Luft,
das Plätschern des Wassers,
das Wachsen des Getreides,
die Wogen des Meeres, das
Grünen der Erde, die Helligkeit
des Himmels, das Funkeln der
Sterne, das ist es, was ich für
großartig halte.

•

ADALBERT STIFTER

13. DEZEMBER

DO IT YOURSELF

Selbst gemachte Lippenpflege

MATERIAL

- ☐ *1 EL Bio-Bienenwachspastillen*
- ☐ *2EL Kokosöl*
- ☐ *1 EL Olivenöl*

1/ Im Wasserbad 1 EL Bio-Bienenwachspastillen und 2 EL Kokosöl schmelzen.

2/ Den Topf vom Herd nehmen und unter Rühren 1 EL Olivenöl (oder ein anderes Pflanzenöl) hinzufügen.

3/ Das Wachs wird schnell fest, daher gleich in ein Glas füllen und aushärten lassen.

14. DEZEMBER

GRÜNER TIPP

Genauer Blick auf *Umweltlabels für Mobiliar*

Achten Sie bei Bettzeug auf das **Europäische Umweltlabel,** das eine Begrenzung gefährlicher Stoffe gewährleistet und ein nachhaltiges Produkt garantiert, das die Luftverschmutzung in den Räumen reduziert.

Achten Sie bei Möbeln auf das **PEFC-** und **FSC**®-Siegel, die Holz aus nachhaltig bewirtschafteten Wäldern garantieren.

Bei Teppichen zeigt das Label **GUT** an, dass gefährliche Stoffe, Schwermetalle und VOC (flüchtige organische Verbindungen), die die Luft in Ihrer Wohnung verschmutzen, nicht verwendet wurden.

15. DEZEMBER

PLATZ FÜR NOTIZEN

NOTIZEN

16. DEZEMBER
GRÜNER TIPP

Spenden Sie Ihre Bücher

Die Entwicklungs- und Nothilfeorganisation ***Oxfam*** nimmt gebrauchte Bücher in gutem Zustand an. Die Organisation ist in Deutschland mit über 50 Läden vertreten. Die Bücher werden dort zu einem kleinen Preis verkauft. Die Erlöse fließen in entwicklungspolitische Projekte.

Kurzum, Sie recyceln so Ihre alten Bücher und tun gleichzeitig etwas Gutes!

17. DEZEMBER

ZUM NACH-
DENKEN

Die Natur triumphiert nur, wenn man ihr gehorcht.

•

FRANCIS BACON

18. DEZEMBER

GRÜNER TIPP

Flexitarismus: 5 Zutaten voller pflanzlichem Eiweiß

- ☐ **Tofu:** Das ist ein Sojaquark, der traditionell in der japanischen Küche verwendet wird. Er kann gebraten oder mariniert werden; 100 g enthalten 11,5 g Eiweiß.
- ☐ **Spinat:** Was glauben Sie, warum Popeye so muskulös ist? 100 g Spinat enthalten 5 bis 7 g Eiweiß.
- ☐ **Walnüsse:** Mit 20 g Eiweiß pro 100 g haben Walnüsse alles, was Sie brauchen. Sie helfen auch, den Cholesterinspiegel zu senken. Wechseln Sie mit Haselnüssen, Mandeln oder Pistazien ab, aber essen Sie sie in Maßen, denn sie sind kalorienreich.
- ☐ **Hülsenfrüchte:** Linsen, Bohnen, Kichererbsen (19 g Eiweiß auf 100 g) passen zu zahlreichen Gerichten und können warm oder kalt gegessen werden.
- ☐ **Quinoa:** Dieses kalorienarme Getreide aus Südamerika ist glutenfrei. Es enthält viele Vitamine, Mineralstoffe, Aminosäuren und 14 g Eiweiß je 100 g.

19. DEZEMBER

INFO ZUM ANREGEN

Shenzhen, die Stadt mit Elektroverkehr

Seit 2017 kann sich die chinesische Stadt **Shenzhen** die erste Stadt weltweit nennen, in der **alle Busse – mehr als 16.500 – elektrisch betrieben werden.** Der nächste Schritt betrifft die Taxis, von denen derzeit 63 % elektrisch sind.

20. DEZEMBER

DO IT YOURSELF

Umweltfreundliche Verpackungen für Weihnachtsgeschenke

SIE BRAUCHEN:

- ☐ Ganz nach Vorliebe und Geschmack der beschenkten Person: einen bestimmten Teil einer alten Zeitung (Kreuzworträtsel, Rezept ...), ein altes Buch, einen zerlesenen Comic, Packpapier ...
- ☐ Schnur
- ☐ Zitrusfrüchte in Scheiben (im Backofen bei 100 °C trocknen)
- ☐ Tannenzweige oder Zimtstange zum Dekorieren

21. DEZEMBER

GRÜNER TIPP

Saisonales Obst im Winter

Winterfrüchte sind voller Vitamine und geben uns ganz viel Kraft. Jedoch legen Sie teilweise einen langen Weg zurück. Daher in Maßen genießen.

Stärkend wirken **Ananas, Apfel, Avocado, Banane, Birne, Clementine, Dattel, Granatapfel, Khaki, Kiwi, Litschi, Mandarine, Mango, Orange und Blutorange, Pampelmuse, Papaya, Passionsfrucht, Pomelo und Zitrone.**

22. DEZEMBER

GRÜNER TIPP

Saisonales Gemüse im Winter

Um Herz und Körper zu wärmen, eignet sich folgendes Wintergemüse:

Chicorée, Karotte, Knollensellerie, Kohlrabi, Lauch, Rotkohl, Schwarzwurzel, Staudensellerie, Weißkohl, Wirsing und Zwiebeln die ganze Saison über.

Geschenkidee: Keks-Backmischung im Glas

Geben Sie alle Zutaten (bis auf Ei und Butter) für selbst gemachte Kekse in ein hübsches Glas:

- ☐ *150 g Mehl, gemischt mit ½ Päckchen Backpulver und 1 Prise Salz*
- ☐ *100 g Zucker*
- ☐ *100 g Schokoladentröpfchen*
- ☐ *2 Päckchen Vanillezucker*

Schreiben Sie dann das Rezept auf ein Stück Packpapier:

75 g weiche Butter und Ei hinzufügen, den Backofen auf 180 °C vorheizen, aus dem Teig Kekse formen und auf Backpapier legen. 10 Minuten backen.

24. DEZEMBER

INFO ZUM ANREGEN

Eine nachhaltige Stadt in Burkina Faso

In **Burkina Faso** wird südwestlich von Ouagadougou eine neue nachhaltige Stadt, **Yennenga,** gebaut, um die Hauptstadt zu entlasten. Unter guten klimatischen Bedingungen soll sie Wohnraum für **80.000 Menschen** bieten und dabei benachbarte Gebiete respektieren.

Utopie? Nein, die Realität!

Ich liebe alles an der Natur, selbst das, was als hässlich und trist gilt, auch den Winter und die Stürme. Ich mache mir keine Vorwürfe, ich habe nicht das Bedürfnis zu kritisieren, ich genieße sie stur, ich bewundere sie verzweifelt.

·

VICTOR HUGO

26. DEZEMBER

GEMEINSAM STARK

Pfandbecher in deutschen Cafés

In **Freiburg,** im Süden Deutschlands, haben sich 2016 Cafés zusammengeschlossen und bieten **wiederverwendbare Pfandbecher für 1 Euro** an.

Schluss mit den Wegwerfbechern aus Pappe. **26.000 Becher** wurden geliefert und angesichts des Erfolgs haben sich ***München*** und ***Sidney*** dieser Initiative angeschlossen.

27. DEZEMBER

INFO ZUM ANREGEN

Eine beispielhafte Stadt in Spanien!

Im Jahr 2010 verabschiedete die spanische Stadt **Murcia** einen Klimaplan, um ihre Treibhausgasemissionen **in zehn Jahren um 20 %** zu reduzieren. Sie hat es sogar geschafft, das Ziel schon 2015 zu erreichen.

Wie?

Durch die Verbesserung der Energieeffizienz von öffentlichen Gebäuden und Einrichtungen, privaten Unternehmen und Bauten. **Ein inspirierendes Beispiel.**

28. DEZEMBER

SCHON GEWUSST?

Das gibt es: ein autonomes Haus

Man nennt es ***„earthship"***.
Der ehemalige Journalist ***Benjamin Adler*** und seine Frau haben in der Dordogne mithilfe von Unterstützern innerhalb von 24 Stunden ihr zu **100 % autonomes Haus** gebaut.

Die Materialien:

Getränkedosen, Glasflaschen und **gebrauchte Autoreifen** sowie **Holz** und **Zement.** Das Haus hat keine Heizung, **verwendet Solarenergie** und ein **System zur Wiederverwendung und Filtrierung von Wasser.**

Die Kosten eines solch traumhaften ökologischen Hauses?

190.000 Euro!

Gemeinschafts-kühlschränke für Anwohner einer Straße

In ganz Frankreich schießen überall Gemeinschaftskühlschränke aus dem Boden. Ein Laden- oder Restaurantbesitzer installiert sie vor seinem Geschäft. Jeder kann eine Mahlzeit oder ein gut konserviertes Produkt hineinlegen und seinen Namen, das Produkt und das Datum notieren.

Danach kann sich jeder daraus bedienen und entnehmen, was er möchte (er übernimmt dann selbst die Verantwortung dafür).

Das Ziel

Die Verschwendung begrenzen und denen helfen, die bedürftig sind.

30. DEZEMBER

INFO ZUM ANREGEN

Eine Auszeit *für Berggorillas*

Gute Nachrichten für die Tierwelt in der Region der Afrikanischen Großen Seen: Berggorillas sind nicht mehr ***„im kritischen Maße vom Aussterben bedroht“,*** sondern nur noch gefährdet.

Ihre Population hat sogar zugenommen. Während **2008 noch 680 Berggorillas in freier Wildbahn** gezählt wurden, ist ihre Zahl **ein Jahrzehnt später auf über 1000 angestiegen,** was besonders Anti-Wilderer-Patrouillen zu verdanken ist.

31. DEZEMBER

ZUM NACH-
DENKEN

Wer nicht an die Zukunft denkt, wird bald große Sorgen haben.

•

KONFUZIUS

QUELLEN

Agence de l'environnement et de la maîtrise de l'énergie, ADEME: www.ademe.fr • **Ministère de la Transition écologique et solidaire:** www.ecologique-solidaire.gouv.fr • **WWF France:** www.wwf.fr • **Zero Waste France:** www.zerowastefrance.org • **Global Footprint Network:** www.footprintnetwork.org • **Ça commence par moi:** www.cacommenceparmoi.org • **L'Atelier Fertile:** www.atelierfertile.com • Cahier 2 „La mobilisation territoriale" • Observatoire mondial de l'action climatique non étatique – 2018, Climate Chance • Landwirtschaftlicher Arbeitsmarktbericht – September 2018, Agreste Chiffres et données agriculture • L'agriculture biologique, un accélérateur économique, à la résonance sociale et sociétale • **Agence Bio:** www.agencebio.org • **ONU:** www.unenvironment.org, www.unchronicle.un.org und www.solvedifferent.eco/fr/ • **Edeni:** www.edeni.fr • **Réseau Action Climat:** www.reseauactionclimat.org • **Colibris:** www.colibris-lemouvement.org • **La Nasa:** www.nasa.gov • **Réseau vrac:** www.reseauvrac.org • **Les Petits calculs savants:** www.les-petits-calculs-savants.fr • **La Sauge:** www.agricultureurbaine. fr • **We demain:** www.wedemain.fr • **UP Le mag:** www.up-inspirer.fr • **Le Monde:** www.lemonde.fr • **Positivr:** www.positivr.fr • **Daily Geek Show:** www.dailygeekshow.com • **Les Frigos Solidaires:** www.identites-mutuelle.com/lesfrigossolidaires.

LITERATUR

Jérémie Pichon und ***Bénédicte Moret***, Famille presque zéro déchet; Ze guide, Thierry Souccar Éditions, 2016 • ***Béa Johnson***, Zéro déchet; 100 astuces pour alléger sa vie, éditions des Arènes, 2013 • ***Louise Salvati***, Le cahier Zéro déchet pour les nuls, First Editions, 2018 • ***Noémie Delva***, Mon cahier zéro déchet, éditions Solar, 2019 • ***Auriane Hamon***, Mon p'tit cahier zéro déchet, éditions Solar, 2019.

Bibliografische Information der Deutschen Bibliothek.

Die Deutsche Bibliothek verzeichnet diese Publikation in der Deutschen Nationalbibliografie.

Detaillierte bibliografische Daten sind im Internet über http://www.dnb.de/ abrufbar.

EIN BUCH DER EDITION MICHAEL FISCHER

1. Auflage 2020

Titel der Originalausgabe: 365 idées douces pour la planète

Aus dem Französischen übertragen von Katrin Korch, Baden-Baden

Satz: Bernadett Linseisen

Lektorat und Produktmanagement: Judith Wiedemann

ISBN 978-3-7459-0080-4

Gedruckt bei Polygraf Print, Čapajevova 44, 08001 Prešov, Slowakei

www.emf-verlag.de